だいわ文庫

CAの私がVIPのお客様に教わった話し方のエッセンス

高橋くるみ

大和書房

はじめに

飛行機の中、なかでもファーストクラスやビジネスクラスは、世界中のＶＩＰのお客様が狭い空間にひしめく、異質な、そして刺激的な空間です。

ある時は、異業界のそれぞれのトップが席を並べ、会話を通じて化学変化が起こり、またある時は同業界の著名ツートップが立ち話をしながら互いの動向を探り合うといったように、日本のみならず、世界の未来にもつながるような会話が繰り広げられています。

私は大学在学中に客室乗務員（キャビン・アテンダント＝ＣＡ）試験に合格し、日系・外資系合わせて13年間フライトしていました。

年間、万単位のお客様のお世話をさせていただいていましたが、お客様との御縁をあらためて振り返るとき、その「肩書き」を思い出すことはあまりありません。

記憶をたどり、存在が鮮明に蘇るきっかけとなるのは、まさにお客様の言葉や話し方でした。

CAがお客様と頻繁に会話するというイメージは、一般的にはあまりないかもしれません。けれども実は、お客様と多くお話しすると社内での評価が上がるくらい、重要視されています。新人のころは、「本日はお客様5名様以上とスポットカンバセーション（雑談）を目標といたします！」などと、先輩に宣言していたほどです。

さらに、VIP旅客やファーストクラス、ビジネスクラスでのサービス評価につながるのは、機内で「お客様の気の利いた、ウイットに富んだ会話」を「CAがいかにうまく受け止めるか」が大きな要となっています。

VIPのお客様には、経験や実績は言うまでもなく年齢も及ばない私ですが、だからこそ、初対面のガチンコ勝負でお話をひたすら受け止める中で、相手が普段、人とどのように接してらっしゃるのかが、手に取るように感じられるようになりました。

　また、ＶＩＰどうしの会話にひそかに耳を傾けることで、成功する人がどんな会話をし、言葉を介して他者とどのように関わるのかをリアルに学び取るチャンスを得たのです。

　こうしてＶＩＰの会話のシャワーを浴び続け、そこで得た教えを整理した結果、この一冊が生まれました。

　ＶＩＰの力は、厳しいビジネスシーンで自分の存在を刻みつけ、１人でも多くの支持者を集め、そして「あの人の力になりたい」という思いを引き出すところにあると言えるでしょう。

　ＶＩＰとは自力でなるものではなく、パワーに魅了された周囲の人たちによって、押し上げられていくものにちがいありません。そして、そのパワーの源こそがこの本のタイトルにもなっている、「話し方のエッセンス」なのです。

　ＶＩＰの言葉は常に印象的かつ実用的、私たちがすぐにまねることのできるシンプルさが大きな特徴でもあります。

話し方のエッセンスは、ほんの「ひと手間」にすぎません。
会話に「ひと手間」を加える習慣が、彼らの現在をつくったのです。

私が実体験で得た会話のエッセンスを、ぜひみなさんと分かち合い、あらゆるシーンで素晴らしい出会いを演出するきっかけにつながればと願ってやみません。

高橋くるみ

CAの私が
VIPのお客様に教わった
話し方のエッセンス　CONTENTS

第3章 VIPに学んだ、心を動かすエッセンス

第4章 VIPに学んだ、言いにくいことをさらりと伝えるエッセンス

VIP式 叱り方

VIP式 お詫び

第5章 VIPに学んだ、言葉の習慣エッセンス

第1章

VIPに学んだ、人脈を飛躍的に広げる会話術

1 言葉尻への「ひと手間」が凡人とVIPを分ける

①「私の言っていること、わかる?」
②「私の言っていること、わかりにくいかな?」

自分の言っていることが、相手に伝わっているか確認するとき、あなたはどちらで相手に問いかけますか?

どちらを選ぶかであなたの未来や、出会う人が大きく変わるかもしれない。

ちょっと大げさかもしれませんが、私は実際に変わるのだと、VIPのお客様とのやりとりで実感したのです。どういうことか、お話ししていきますね。

ファーストクラスやビジネスクラスのお客様の年齢層は40代~60代。地上では大活躍していらっしゃる方も多いものです。実際、機内に豊富にあるワインやお食事などについても、圧倒的にお客様の知識が上回ることがほとんどです。

あるフライトで、ワインのエキスパートでいらっしゃるお客様がご搭乗になり、私は、そのお客様にワインをおすすめする役割を担うことになりました。知識が圧倒的に劣り、なおかつ下戸でお酒に愛情のない私に、いいご説明ができるはずがありません。

「私は下戸な上に、お客様にお食事に合うワインをおすすめするほどの十分な知識を持ち合わせておりません。よろしければ、ぜひワインをご自身でお選びいただけませんか？　おすすめのポイントを教えていただけませんか？」

これまで多くのお客様に、この手法でたくさんの教えをいただきました。

「お！　教えてくださいと来たね。そう言われると、張り切らないとね」

そうおっしゃった後、ワインとお食事の組み合わせ方や、ワインの味わいをどのように表現すれば伝わりやすいかを教えてくださいました。

教えをいただく際にさすがと感じたのが、言葉づかいならぬ、「語尾づかい」でした。

説明の随所や、言葉尻に「僕の説明でわかるかな?」「ちょっと難しい内容だけど」「これはすでにご存じだと思うけどね」といったように、相手の気持ちをうまく会話に取り入れるサービス精神を織り込んでくださり、気持ちよく会話が進んでいたのです。

その筋でプロと評され、CAの誰もがその方のプロフィール(肩書きや経歴)をご存じ上げるような方は総じて、若輩の私たちに何かを教えてくださる際に大きな共通点がありました。それは、

①「わかる?」と上から指導するスタンスは皆無。

②「わかりにくくない? ちょっと説明が足りないかな」と、必ず最後に相手の気持ちやプライドを大切にしたいという温かみが込められている。

この2点です。

十二分に人に教えを施せるようなプロフィールを持ちながら、最後の締めで相手を認める姿勢をくずさない。

このバランス感覚が多くの人を引き付け、その方のプロフィールが飛躍的に広がりと成長を見せるきっかけにつながるのだと感じたのです。

VIP式 話し方

2 人の魅力は、リアクションの質で決まる

CAの世界は、（作り笑いも含め）笑顔がうずまく場所です。みんな、真顔が笑顔になっています。本音のわかりづらい世界です（笑）。

もちろん入社試験の際にも、「自然な笑顔が出せるか」は選考条件にもなっているのですが、さらにCAとなるまでの訓練期間がすごいのです。廊下を歩くとき、座学で教官の話に耳を傾けるとき、テキストを黙読するとき、あらゆる瞬間に、「どんな表情をしているのか」チェックが入ります。

座学の教室には、廊下から教室内が見える窓がついているのですが、廊下を通った講師に「髙橋さん、11時20分頃、すごい険《けわ》しい顔してたわよ」と授業後に注意されたこともあるくらいです。

このように、**「基本的に真顔はＮＧ。素の顔＝微笑み」**がＣＡの世界のルールです。

私は基本的に、面白くないときに愛想笑いをするのは苦手です。関西人でもあるので、「面白いとき」にしか笑いたくないのです、そもそも。人生で何度面白い出来事に出会えるかわかりませんので、笑うことに関してケチりたいのです、ほんとは。

でも、そんな言い訳など通用するはずもありません。

人の魅力は、リアクションのクオリティで決まります。

・相手がしかめ面をしている↓自分もむっとする。

・つまらない話を聞かされる↓自分は耳を傾けない。

これでは相手のアクションに対して、そのままリアクションをつけているだけでまったく主体性がなく、受け身です。

相手の表情や会話といったアクションに、どんなリアクションを返せるか？

アクションとリアクションは、雲と空と同じでワンセットで存在します。

相手が曇ってきたら、青空を広げるように仕向けて自分と相手の関係をスムーズでよりよいものにしていく意識を持つと、ＶＩＰに近づけるようです。

■相手の「表情」を見れば質のいいリアクションができる

ある便で、そのことを身をもって体験しました。

著名な作家であるお客様がファーストクラスにご搭乗されたときのこと。何度か機内でお目にかかっていたのですが、いつも執筆なさっていることで有名でした。

その日のファーストクラスには、お子様がお二人ご搭乗で、かなりにぎやかでした。

お子様は長い目で見ても、航空会社にとってほんとうに大切なお客様です。しかし、機内でのにぎやかさがクレームになったことは枚挙にいとまがありません。

とくにファーストやビジネスクラスとなると、移動時間をお仕事時間にあてていらっしゃるお客様も多く、ＣＡがお詫びに回ります。

このときも、作家のお客様にお茶をお持ちした際、これ以上できないほど申し訳ない表情を作って気持ちを伝えてみました。

「お客様。本日はいつものように静かにはいかないようでして、申し訳ございません」

するど、こんなお返事をいただいたのです。

「なんですか、そんな顔をスチュワーデスがしてはいけないよ。僕はね、モノを書いていると耳が聞こえなくなるんです。ご心配には及びません。あ、でも心配してくれたあなたの声はちゃんと聞こえましたよ」

その後も、お客様の席の近くで騒ぐお子様に顔色一つ変えることなく、時には筆を止めて話しかけられたりして終始、お子様のアクションや、私のアクションを上手に受けるクオリティの高いリアクションをなさっていたのでした。

クオリティの高いリアクションをするためには、相手の額や目だけでなく、相手

の心を映し出す「表情」をよく感じ取ること。

相手の表情や言葉のバリエーションに、どこまで自分のリアクション、それも質の高いリアクションを返していけるか？

他者とご自身の関係性を大切になさっている、ＶＩＰのお客様から教わった作法です。

3 話の中に「消えモノなお土産」を必ず入れる

お客様がVIPである所以を機内で感じることがよくありました。

なぜ、その方がVIPになれたのか。やはり、彼らには独特の特徴や共通点があります。

それは、VIPのお客様が、いい意味で損得に敏感であること。

自身に対しての損得ではなく、相手が損をしていないか、相手がちゃんと得をしているかに敏感であるのが、VIPの損得勘定です。

CAはお客様からすれば、損得についてまったく考慮不要な存在です。

お客様は料金をお支払いになり、その分のもてなしをしてくれればいいのだ！

という視点で十分なはずです。

ところが、VIPのお客様はちょっと違います。

ある便に、テレビ番組の司会をなさっている著名なお客様がいらっしゃいました。おいしいものを召しあがるのがご趣味の様子で「高知（到着地）のおいしい店をリストアップしてほしい」とおっしゃいました。

私たちは、得意分野とばかりにいろいろお話しさせていただきます。

こういったご要望はよくあることで、業務のひとつでもありますし手間がかかることでもないので、喜んでご対応します。すると、

「仕事時間を邪魔してごめんね。何かお礼をさせてもらえるかな。話すか、面白い手品を見せてあげるくらいしかできないけど。休憩時間ある？」

と声をかけてくださり、私たちになんとも楽しく、ぜいたくな時間をくださったことがありました。

こういったVIPのお客様のエピソードには事欠きません。

不思議と、「ごめんね、時間を奪って」とおっしゃるのは必ずVIPのお客様なのです。

■相手の損を埋めようとする姿勢が支持を集める

「君たちも余分な仕事頼まれたら、損した気分になるでしょ？　悪いね。でも私は得したな。おいしいお店いっぱい教えてもらって。ありがとね」

そのお客様が残された一言に、お客様がＶＩＰである理由を感じたのです。

自分が得をしたら、相手が損をしている。相手の損を何かしらですぐに埋め合わせするバランス感覚に長けている。だからこそ、多くの方に支持を受け、好かれ、成功なさるのでしょう。

相手の損を埋める方法は様々です。

このお客様のように、目には見えないけれどもっとも記憶に残る「笑い」や「言葉」でお返しができれば最高ですが、日常的な会話に、相手が得をする情報をてんこ盛りする意識があるだけで、ずいぶんと相手との距離は縮まります。

「ああ、あのお話楽しかったな」「あの情報、助かったな」。そのような「記憶」という名のお土産を相手の心に残せれば、ＶＩＰに近づけるのかもしれません。

4 声のトーンを相手に合わせる

みなさんは、ご自身の声の大きさを意識なさったことはありますか?

自分の声は聞き慣れているので、大小を判断するのさえ難しいかもしれません。あいさつや何か指示する場合は、やはり大きめの声を出すに越したことはないのですが、会話のシーンでは話は別となるようです。

日本のVIPのお客様は、外国人のお客様を伴ってよく出張をなさっています。外国人は、日本人と比べて声の大きい方が目立ちます。

ファーストクラスには、機内前方や後方に、お酒やおつまみを自由にお取りいただけるバーなども併設していますので、楽しく歓談なさるお客様がどんなふうにお話しされているかが、自然と聞こえてきます。

VIPのお客様は、相手の息づかいを感じとり、声音を合わせ、巧みに相手のリズムに合わせてお話しなさっている方が目立ちます。

その際、基本となるのが、「相手の声の大きさ（トーン）」。

相手がハキハキ話す外国人であればテンポよく大きめの声で、日本人で静かにお話しする方であれば落ち着いた声音で……といったように、同じシーンに異なる背景を持つ人がいても、常に相手の息づかいに合わせて会話をなさっているため、スムーズに会話も進むようでした。

ＶＩＰのお客様はそれ相応に自信を持った方が多いものですが、だからこそ、シーンに応じて、自身を相手仕様に自在にカスタマイズできるようです。

相手の声の大きさや口調、言葉づかいに合わせることができる柔軟性が、ＶＩＰのお客様には備わっているのです。

まずは相手ありき。

目の前の相手をよく見つめ、その言葉や声を聞き分け、相手のリズムに合わせる力。相手を尊重する姿勢が、その柔軟性に表れているのです。

VIP式 話し方 5

プロフィールは披露しない。「知りたい」と思わせる

「反面教師にしたいね、今日のお客様は」

そんな言葉がギャレー（機内の台所）で聞こえることも少なくありません。VIPのお客様から学べることはほんとうに多いのですが、すべての出会いがそうとは言い切れないのが現実です。

VIPのお客様はどなたも素敵……それほど世の中単純でないことは、賢明な読者のみなさんであればお気づきのことでしょう。

人と接するとき、通常のコミュニケーションなら、私も「自分の話すタイミング」を探しつつ、相手の話を聞いています。どのタイミングでどう入り込むか。それこそが、やりとりにおけるセンスの分かれ目となるでしょう。

ところが、CAは基本的に、お客様に対して自身の話を展開する必要はありませ

ん。お客様からどのような言葉がこぼれおちるかを、じっと待っているだけなのです。そのせいか、お客様の話しグセや、人との接し方の特徴が瞬間的にわかります。

言葉を待ち続けて13年。もっとも多くのことを教えてくださった反面教師のVIPなお客様は、かなり多数、機内にいらっしゃったのでした。

■読むと聞くでは大違い

「僕はね、A社（某有名企業）の者だけど」
「私はね、いつもはファーストクラスに乗っているB社の者だけれど」
「僕はサファイア（上顧客メンバー）だから、席の位置を変えてもらえますか」
「私は○○省の××です。以前は△△に駐在していてね……」

などなど、いずれも素晴らしい経歴の方ばかりです。

しかし、活字では魅力的なプロフィールが、口から飛び出たとたん、なんとも言えないイヤな匂いを発しはじめるのです。

「私ってちょっとすごいでしょ。他の人とは違うのです」

そんな感情がプロフィールに乗り移り、その方のイメージを損ねてしまうこともあるわけです。

これは、プロフィールが魅力的な方だけに限りません。

人にはそれぞれ歴史もあり、それを聞いてもらいたいという感情もありますが、初対面など、相手をよく知らないときにこれをしてしまうと、相手との距離を縮めたつもりが逆に距離を作ってしまっていたということになりかねません。

人と初めて接する際に、どんな話で関係を縮めるのか？

これほど難しいテーマはありません。

■「秘められたもの」に人は惹かれる

ひとつ言えることは、相手に特別な感情や仕事などで利害関係があるとき以外は、他人のプロフィールを楽しんで聞いてくれる人間はそれほど多くはないということ。

初対面でグッと距離を縮めてくださるお客様は、テーブルの上のパンや、飾られた花などにまつわる、ちょっとした他愛のないお話だけで魅力が伝わってくるものです。

プロフィールをぜひ知ってみたいと思わせるきっかけを、会話で作り出すのです。

プロフィールは自分で披露するものではなく、知りたいと思わせるもの。

初対面の際、自身のプロフィールを語らないでやりとりする習慣をつけることは、とても効果的なコミュニケーションの筋トレになるのです。

何を語るかも大切ですが、「何を語らないか」はもっと大切と言えそうです。

人は「秘められたもの」に、ことのほか惹かれるからです。

column 1

「お客様の中に、お医者様はいらっしゃいますでしょうか？」

機内で、お医者様を求めるアナウンスを耳にしたことのある方は多いかもしれません。

最近は、元医師、薬剤師、看護師のＣＡも各社で乗務している時代になりましたので、ドクターコールが必要でない場合もあるかもしれませんが、面白いことに、ドクターコールをして、お医者様が機内にいらっしゃらないことはほとんどありません。

時には、10名くらいのお医者様からお申し出をいただくこともあり、「ご専門は？」と失礼ながら伺うこともしばしばです。

機内は気圧が低く、お疲れの状態で搭乗なさるお客様も多いため、国際線ですと、帰国便で体調を崩される方が多いのが通常です。貧血で倒れる方がいらっしゃるのは日常茶飯事。

そんな際、やはり頼りになるのが、医療従事者のお客様といえます。

機内、なかでも国際線ともなると、「ドクターズキット」という簡易処置のできるスーパー薬箱も搭載されていますので、かなりの処置も可能だと医療従事者様もおっしゃいます。

お医者様のお申し出はありがたいのですが、そのお客様が本当に医療従事者の方であるかは、確かめようがありません。まさか免許を見せてくださいと言えませんし……。

基本的には、お客様を信頼してこちらは適切なサポートをさせていただきます。

以前、お手洗いの前でお年を召した女性がうずくまっていらっしゃいました。声をおかけしたところ、具合がかなりお悪そうですので、ドクターコールをしたのです。

「よろしければ、私がお手伝いしましょうか?」

と、初老の紳士がお申し出くださいました。

「医療従事者の方でいらっしゃいますか？」

「ええ、かなり長く」

すっかり信用した私は、その方がお客様のケアをなさっている場に立ち会っていました。するとその紳士は、目をつぶってお客様の体に手をかざし、おもむろに祈祷をし始めたのです。

「あの～、お医者様でらっしゃるのですか？」

「私は心の病を見る医者です……祈祷すれば万全です……」

困りました（笑）。

するとタイミング良く、近くにいらした本物のお医者様が、事情を察して声をかけてくださいました。「心の次は、体を私が拝見しますよ」

祈祷師のお客様も納得なさったようで、きちんとお医者様の診察に引き継げたのです。

お客様に助けられることは、機内では多々ありますが、こんなふうに状況を察して手を差し伸べてくださる方こそ、まさにＶＩＰと言えるのでしょう。

1 相手を主役にできる人がファンを増やせる

機内でお客様と話が盛り上がる。これほど楽しいことはありません。

ファーストクラスを頻繁にご利用になるVIPのお客様はもはや、お食事には興味を持たれていません。かなり多くのお客様が、豊富にあるお食事やデザートをキャンセルなさるのが現状です。

そうなると、こちらも手持ち無沙汰になってしまいます。

そして自然な流れとして、CAも人間ですので眠気に襲われる結果となるのですが、そんなときの最高の気つけ薬は、お飲み物のサービス。

お食事は召しあがらなくとも、お飲み物をキャンセルなさる方は少ないのです。

ファーストクラスといえば、ゴージャスな設備や機内食というイメージがあるかもしれませんが、実はドリンクサービスと、その際に広がる会話が差のつけどころになるのです。

お飲み物を介して、どれだけやりとりを交わせるか？　そして、自分の眠気を覚ませるか？（笑）が、勝負どころ。

話は少しそれますが、機内でのどが渇くという記憶をお持ちの方も多いと思います。

機内が乾燥しているのはなぜだか、ご存じですか？

飛行機は腐るからです。湿度を高めると、機体の腐食を進める結果につながりやすいのです。

ドライな機内に、どれだけのうるおいを与えられるか。そこがCAの使命ともいえるかもしれません。そしてうるおいは「言葉」で代用できそうです。

最近乾きがちな陸（地上）にも、同じことがあてはまるかもしれません。

■マイナーだからVIPになれる

「お待たせいたしました。お茶でございます。お疲れ様でございます」

「ああ、ありがとう。到着まで、あと何時間かかるの？」

お仕事の手を止めて話してくださるお客様がいらっしゃれば、チャンスです。

「はい、残り6時間でございます。まだ半分をすぎたところでして」

「君たちも大変だね」

「いえ、歩き回っておりますので、ずっとお座りのお客様よりは楽をさせていただいております」

「そんなことはないでしょう。**それで、休憩は取ったの？」**

「はい、先ほどいただきました」

話しかけるつもりだった自分が、「それで？　それで？」とひたすら質問を受けることが多いと気づかされるのは、圧倒的にＶＩＰのお客様とのやりとりです。

それで？　それで？　と、どんどん会話は続きます。

「お客様は休憩なさいましたか？　お食事の後からずっとお仕事なさっているようにお見受けしましたけれど」

お客様に問いかけるチャンスをねらって質問をしてみますが、

「いろいろやることが多くてね。**食事の後からずっと仕事なのはあなたたちも同じでしょ**」

こんな具合で、ひたすら会話の中心が相手であり続けます。

相手の言葉に「それで？」というニュアンスの言葉を連打で返し、相手を主役に置き続けるのです。

気づいたら、「ちょっとしゃべりすぎたかしら？」と後悔してしまうほど。

「ちょっとしゃべりすぎたかも」という後悔は、「でも、楽しかったな」という余韻を残すことが多い。楽しい記憶が人生にうるおいを与えてくれます。

自分のことや、自分が興味のあることを話したい、そして主役になりたいという人が、世の中多数派であるからこそ、相手を主役にできるマイナーな存在である方がＶＩＰであり続けるのでしょう。

相手の話を聞き切り、返す言葉を投げかけ続ける。

相手を自身のファンにするコツを、ＶＩＰのお客様は教えてくださったのでした。

2 初対面でグッと距離を近づけるには

機内、なかでもファーストやビジネスクラスでは、VIPのお客様を見つけて何とかお近づきになりたい……と名刺交換をせまっているお客様もよくお見かけします。

もちろん、活躍を遂げてらっしゃる方のお話はぜひ伺ってみたいものです。めったにない機会を生かしたいと思われるのもごもっともです。


「経済界のドン」といわれる著名なお客様から、

「僕が乗っていることを他の乗客の方には決して言わないでほしい」

とご搭乗の際に頼まれたことがありました。

「そうですね。移動のお時間くらいしかゆっくりなされないでしょうし。かしこまりました」

「いやいや、別に話すのが億劫ってわけじゃないけどさ。みんな僕と話したいわけじゃないしね」

「え？」

「僕自身のことを聞きたいんじゃなくて、僕とつながることのメリットがほしいだけだもの。みんなは」

「……」


私が「かもね〜」と正直思ってしまったのが顔に出たようです。

「そうだなと思ったでしょ？」

「いえ〜。……ばれましたでしょうか？（にっこり）」

「面白いね、君。でもね、どっちかがメリットを得られるだけの関係って続かないしね。僕は初対面の人にそんなに興味はわかないけどね。普通そうだよね、人間って。僕は先も短いから、自分が会いたいと思う人以外にはタヌキ寝入りをすることにしたんだよ」

「会いたいと思ってらっしゃる方で、お客様がお会いになれない方などいらっしゃらないのではないですか？」

「そんなことないよ。**僕は、相手に会いたいと言わせるようにまずは努力するからね。興味を持ってもらえる工夫を惜しまないから、会える確率は高いよ**」

なるほど。

相手に興味を持っているので関係を深めたいというとき、「まずは名刺交換をして、自分を開示して……」と考えてしまいがちです。もちろん大切なことではありますが、自分を開示しただけで、話はとぎれてしまいます。

■どうすれば会話がとぎれない？

ＶＩＰのお客様は、この流れの前にある前提、「通常、他人の日常に興味を持つ人はそれほどいない。人に興味を持ってもらうためには、それなりの準備や工夫が欠かせないのだ」ということを心得てらっしゃいます。

「何を話そうか」と考える努力よりも、「相手が聞きたくなる話、自分に会いたくなるような準備をしよう」と考えることが大切なのでしょう。

これを踏まえておけば、話がとぎれることはありません。

自分のことばかり一方的に話すと、話はとぎれます。しかし、その内容が相手にとって魅力あるものとなっていれば、「もっと聞きたい」という気持ちを引き出すことができるのです。

とはいえ、準備や工夫が不十分なまま、話を続かせたい場面に出会ってしまうこともあります。出会ったのが早すぎたということは、よくあることです。

そんなときはどうすればいいのか？　次節でまとめてみます。

VIP式 初対面

3 自分のことは聞かれるまで話さない。これだけで魅力が高まる

先ほども触れましたが、ついつい忘れがちなので繰り返します。

自分と関わりのない人であれば「とくにあなたに興味があるわけではないけどね」というのが、基本的な他人に対する人間の姿勢です。

このあたりの意識の高さは、VIPのお客様ならではです。

あるフライトで、大変寡黙で控えめな男性のお客様に、ファーストクラスでお目にかかりました。

サービスを行うごとに、

「ありがとう」

「おいしかったです」

「お気づかいなく」

と必ず短い一言を丁寧に言ってくださるのですが、それ以外はまったく会話もなく、手持ちのノートに何かを一心に書かれていました。

ファーストクラスでは、サービス開始前に、担当するCAがお客様にあいさつに参ります。

この便では、その際、たくさんの自己紹介と名刺をいただいていたので、逆にアピールをなさらないこのお客様には目が行きました。

お客様の中には名刺をごあいさつにくださる方も多いのですが、その肩書きは、異業界の人間である私たちCAにとっては深い意味を持ちません。期待される方も多いのですが、肩書きでサービスに差をつけることもありませんし、対応に区別をすることもないからです。

むしろお会いした際の印象や言葉のやりとりで、直感的に私たちはお客様の本当の姿を感じ取ります。

控えめながらも印象深いそのお客様がかなり気になっていたので、ノートに目を落としてみると、見事なスケッチがびっしりと描きこまれていました。

その絵を見て、人気画家の方であると気づいたのです。

「よく作品を拝見しております！」と一言お声をおかけしたいと思いましたが、物静かなお客様のリズムに合わせ、到着後に一言だけ「また作品展に伺います」とだけごあいさつしました。すると、

「お気づきでしたか？　そっとしておいてくれてありがたいです」

と、交わす言葉は少ないながらも、非常に印象に残るやりとりを完結させることができました。

■自分に興味のない相手を振り向かせる

このＶＩＰのお客様の会話は、次のような仕組みとなっています。

①　自身に興味を持つ人はそう多くないという意識を忘れない
②　自身についてペラペラ話すことは封印する
③　②を続け、相手が自分に自然と興味を持つ流れにつなげる

自己アピールが盛んになっている現代で、自身のことを披露しすぎないのは逆行する考えかもしれませんが、だからこそ目を引きます。自分のことをペラペラ話さなければ興味を示してくれない人との関係は、うまくいかないか、出会うタイミングがずれたと考えられます。

楽に会話を続けられるのは、相手と自分が互いに同程度の興味を持っている場合といえます。そのバランスが崩れている場合、ＶＩＰ式沈黙は非常に有効で、その後の会話を続ける基礎ともなりうるのです。

会話が途切れたときに、ネタを提供しなければとあせるのではなく、少し沈黙の時間を持ち、その時間を相手を見つめる時間に置き換えることで、自然なやりとりを進められるのでしょう。

これが流れに逆らわない、シンプルなＶＩＰ式の会話術なのです。

column 2

飛行機の床下にはＣＡのベッドがある!?

飛行機は、お客様から見えないところに多くのスペースがあります。

みなさんのお座席の下でＣＡがすやすやと眠っているところを想像されたことはあるでしょうか？

ヨーロッパ線やアメリカ線、中東線など、10時間を超えるフライトとなると、ＣＡには仮眠時間が設けられています。保安要員でもあるＣＡは、しっかり休憩や食事を取るのも仕事のうちとされているからです。

仮眠時間は、お客様の数や航空会社によっても異なるのですが（大抵日本の航空会社は短め）、2〜3時間確保されていることが多いようです。

クルーレスト（乗務員休憩室）は可動式のため、場所は機体によって異なるのですが、たとえばエアバス３４０という機種には、エコノミークラスの地下にクルーレストがあります。

ちょうどお客様のお席の床下になり、足音などが時折聞こえたりします。

急な階段を下りていくと、6名分の小さなベッド（一部は二段ベッド）が、薄暗いスペースに用意されています。

ベッドも、上位職の定位置、新人の定位置などがさりげなく決まっています。新人は、二段ベッドの下の冷え冷えとしたスペースが定位置です（笑）。「棺《ひつぎ》」などと呼ばれることもあるほど、小さな箱のようなスペースでちょっと休みづらいのですが。

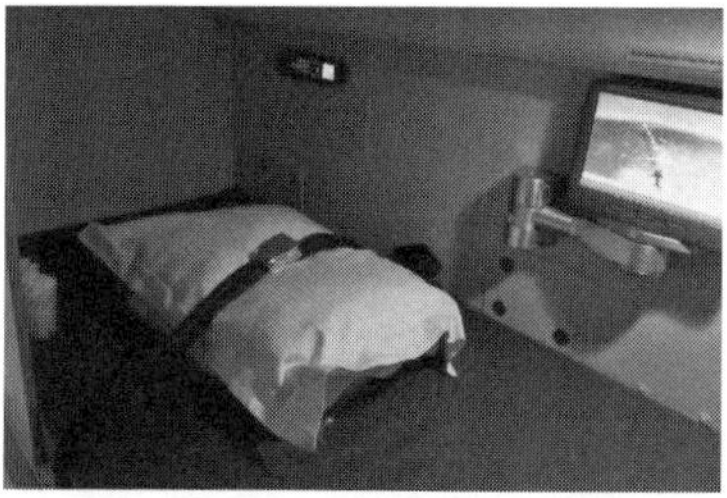
寝るときもシートベルトは忘れません！

それぞれのスペースはカーテンなどで仕切ることができるので、眠れないCAはライトをつけて音楽を聴いたり、新聞や雑誌を読んだりしています。制服はいったん脱いで休むのですが、会社によってはパジャマも会社のロゴ入りで決まっていたりするそうです。

私が最も驚いたのは、外国人CAが、狭いスペースで脱毛をしていたことです。ビリリ……とテープの音が何度もするので、後で聞いてみたら、「帰ったら泳ぎに行くから、今やっておかないと！」と返ってきて、ほんとうに面白かったことを思い出します。

客席の下にはこんなスペースがあるのです

飛行機にはどの場所にも、緊急用の非常口が準備されています。お客様が出入りなさる入口も、まさに非常口を兼ねていますしね。

この地下クルーレストにも、もちろん非常口があります。

一度、クルーレストのカギが壊れ、この地下室に、他のCA4名と閉じ込められたことがありました。

あせって上にいるチーフに連絡すると、「非常口から出ればいいでしょ」と一言。

実はこのクルーレストの非常口は、客席の通路に作られているのです。

機内の足元にはカーペットが敷き詰められていますが、その一部に丸い穴があけられていて、いざというときに地下にいるCAが脱出できるようになっているのです。

お手洗い前にあるその穴から、階段を上って機内に出た際のお客様の驚きようは、ものすごいものでした。

お客様に見下ろされ、地下の穴をくぐる経験をしたCAはそんなに多くはないのではないでしょうか。

この事件（!?）はCA生活のなかでも楽しい思い出のひとつとなっています。

第 2 章

VIPに学んだ、
交渉のエッセンス

1 命令の代わりに質問を投げかけ、スマートに相手を動かす

機内食は、実はとてもバリエーションの幅が広いです。

通常食の他に、ローカロリー食、糖尿病用食、お子様食、ベジタリアン食、モスレムミール（イスラム教のお客様用・ポーク抜き）、コーシャーミール（ユダヤ教のお客様用・祈祷済みで、ベジタリアン食に近いもの）など様々です。

エコノミークラスからファーストクラスまで、すべてのお客様に対応可能となっています。

国際線になると、一機に様々な食事が搭載されるため、ミスのないよう注意してお客様にサービスしていきます。健康や思想信条に関わること、そして人間の根本的な欲求である食欲に関するところですから、ミスがあると、かなりのご立腹につながるわけです。

事前に予約をするというお手間をおかけしていますし、「ちゃんと飛行機に積まれたかしら？　食べるものがなかったらどうしよう」と不安も持ってらっしゃるわけですから。

ある日、ファーストクラスに、世界的に有名な通信社を支援する富豪のお客様がご搭乗になりました。こちらのお客様はユダヤ教徒でらっしゃったので、特別食であるコーシャーミールをサービスすることになっていたのですが、うっかり、通常食をサービスしそうになりました。

ユダヤ教徒のお客様（おもにイスラエルのお客様）は、英語が本当に流暢です。アメリカ人かイギリス人かと思わせるほどの方が多く、ついつい特別な配慮を忘れてしまうほどです。

「あの、今、ちょっといいかな？」

「はい、いかがなさいましたでしょうか」

「僕の食事の予約入っているかな？　確認とれますか？　コーシャーで予約入れた

んだけど」

「早速お調べいたします」

調べた結果、もちろんこちらの手違いだったのですが、このお客様の問いかけに注目してください。

「コーシャーを予約したのに通常食が来ているよ。間違っているよ！」

と一言詰問して問題を解決することも可能でしたが、このお客様は「質問」を重ねることで、非常にソフトにCAを動かすことに成功なさっています。お客様ですのに、本当に恐縮してしまいます。

おそらく、ふだん人に何かを指摘や詰問なさる際もこのように「質問を重ねて人を動かす」ことをごく当たり前になさっているのでしょう。

■相手は「動かされた」と感じない

確認しましょう。

①まず「今、ちょっといいかな？」で、一呼吸を置き、詰問したい気持ちを抑え

ています。同時に相手に心の準備ができる時間を与えています。

②「予約しましたけど！　確認してください」と命令形ではなく、「予約入っていますか？　確認してくれるかな？」と質問形に置き換えて語りかけています。

この2ステップを踏むことで、相手に命令を受けたと思わせず、なおかつ相手を動かすことに成功なさっているのです。

相手に何かしらの指示や命令をして動いてもらわないといけないシーンは多くありますが、その際に「指示」だけでなく、相手の「支持」も得ながらうまく行動を促せるのがさすがのＶＩＰ式と言えるわけです。

人に指示をする際に、相手の感情に配慮することでぐんと印象を上げているからこそ、成功を遂げられているのかもしれませんね。

この教えを、様々なシーンに応用した例もご紹介していきましょうか。

2 相手の「逃げ道」を用意してお願いする

コックピット（操縦席）をぜひとも覗いてみたい！ というお客様は後を絶ちません。

以前はご案内できる場合もあったのですが、現在は保安上、コックピットにお客様をお招きすることは禁じられてしまいました。

CAは訓練時代に離陸、着陸をコックピットの後部で見学することも学習に入っています。けれど実務に入ると、オートロックのコックピットには、CAも専用のカギを使い、ちょっとした暗号を使ってCAであることを伝えてから入室するようになっているほど警備されています。

今や、CAやパイロットなど関係者にならなければ飛行中のコックピットに立ち入れるチャンスがなくなってしまって、とても残念です。朝焼けや夕焼け、夜景など、ほんとうに素晴らしい景色が広がっているのです。

コックピットはCAの第二の仕事場でもあります。

「コックピットケアー」というお仕事が存在し、パイロットのみなさんのお食事やお飲み物の準備など様々なお世話をします。

コックピット見学ができない……。そんなことは百もご存じのお客様ですが、それでもトライしてみたいというVIPのお客様は、こんな頼み方をしてくださいます。

そのお客様は著名な国会議員の方で、多くの部下を抱え、指示や要望はなんでも通るという背景の方だったのですが、こう私に声をかけてくださったのでした。

「万が一事情が許すことがあったら、コックピット見学させてほしいんだけどね」

なにげなく使われた言葉だったのかもしれませんが、「万が一」という枕言葉があったせいで「なんとか、お見せできればいいのに」と強く感じたのでした。

お客様の強いご希望と、「まあ無理を言っているけれどね……」というこちらへの気づかいが感じられたためでしょう。


「万が一」とは、マイナスの事態を想定して使われることの多い言葉でもあります。「万が一に備えて」「万が一××なことがあったら困るので」などなど。

VIP式ですと、「万が一」という言葉は、相手の負担を最小限にしながら頼みごとができる便利な言葉となるのです。

■負担に配慮する言葉を忘れない

①「お願いできるようでしたら、明日来ていただけますか?」
②「万が一、お願いできるようでしたら明日来ていただけますか?」

①も決して悪くありませんが、②ですと、強い希望はあるけれどもそもそも難しいでしょうね、そんなに簡単にはいかないですよね……と、相手が断りやすいような依頼の形となっています。

もし断る立場に立つとすれば、②のほうがダントツに気楽でいられそうです。

日常生活で頼みごとをするシーンは非常に多いですが、相手が自分の依頼を受けてくれることは、まれなこと。とてもありがたいこと。と自分の姿勢を最初に決めてしまいます。

そうすれば、「万が一」という言葉が自然に出てきますし、「この頼みごとは受けてくれて当然!」と実は心の中で思っていたとしても、一歩譲歩して「ありがたい」という思いと、「相手が断れる余地」を残せます。

何か頼みごとをすると、少なからず相手に負担が及びます。

そのことを踏まえる言葉を忘れないのがVIP式なのです。

3 デメリットを示すことでメリットを際立たせる

「免税品をお持ちしております」と言いながら、たくさんの免税品を載せたカートで機内を練り歩くCAをご覧になった方も多いでしょう。

航空会社も運賃の低下や競争の激化などで、小さな売り上げをCAが機内で積み上げることが求められる時代になりました。機内での免税品販売は、CAの腕の見せどころでもあります。

物を売るという行為は、まさに究極の頼みごとです。

具体的にどのように頼んで（売って）いけばいいのでしょうか。

「機内での免税品販売の売り上げの多くは、やはりファーストクラスやビジネスクラスですか？」とよく聞かれますが、まったく異なります。機内免税品の多くは人気商品ですので、頻繁に海外に出られるお客様だと、すでにお持ちの方が多いからです。

機内販売のシーンでいろいろと教えてくださるお客様は、いつもエコノミークラスやビジネスクラスにいらっしゃいます。売り買いの現場でまさに活躍なさっている方も多いからです。

機内での売れ筋ナンバーワンはお化粧品。女性、なかでも主婦のお客様となると、コスト意識の高い方が多いので、そこを打ち出します。

「なにかおすすめあるかしら？」

「こちらの口紅のセットはお得ですよ。通常の4割引きですし。人気の3色が入っております」

人に物を売る際は、メリットを提示するのが定石ですよね。

販売のシーンではこのように、誰しも接するやり方ですが、日常生活で依頼する際は、相手にメリットを提示することを忘れがちです。

①「このお菓子くれる？」

②「このお菓子くれる？　これと交換しない？　おいしいよ」

2つを比べてみると、②のほうがより気持ちよくOKがもらえそうです。

相手にメリットがあることを述べているからです。

頼みごとをする際にも、相手に何かメリットを提示することは欠かせません。

■安い免税店ではなく機内で買っていただくには

機内でも、4割引きというメリット提示だけでも売れることは多々ありますが、VIPのお客様はそうはいきません。

ある日、こんなやりとりがありました。

「こちらの口紅セットはお得ですよ。通常の4割安いですし、人気の3色が入っております」

「う〜ん、でも使わない色が1本入っているわね。薄づきの口紅は使わないのよ

ね」（※だから安いのです）

「そうですね。こちらは10代～20代の方に人気のものを一本入れておりまして、やはり幅広いお客様にお好みいただけるようにセットになっております。お値段はお得ですけれど、そこはこのセットの唯一の欠点でして……。到着地の免税店でしたら、割引きは2～3割になりますが、バラで買えますすよ」

「あら、ご親切にありがとう。でも、まあこちらいただくわ。1本はお土産にでもするわね。詳しく説明してくださってありがとう」

ここでの会話には、お客様に及ぶデメリットを提示し、さらにメリットで締めるというひと手間をかけました。

デメリットを提示することでメリットが際立ち、こちらの心づかいを相手に伝えることもできます。

メリットを相手に伝えることはやさしいですが、その際に、ひと手間かけてデメリットをつけ加えることも忘れない。

メリットだけではだまされない、ＶＩＰのお客様に教えていただいた教訓です。

4 新人CAが好かれる理由

機内で、何か頼みごとをなさったことのある方も多いでしょう。

お客様に伺うと、たとえば「ジュースをください」と頼むとき、たまたま近くを通ったCAに声をかける方と、歩いているCAの中から、話しやすそうなCAを選ぶ方に分かれるようです。そして圧倒的に多いのは後者。人は頼みごとをするときに、ふさわしい相手を選んでいます。

頼まれるだけでずいぶん、相手からほめられている。

実はCAも、それに気づいています。

ものすごくお客様に頼まれるCAと、まったく頼まれないCAが存在するのです。

お客様に頼まれやすいCAの代表格が、新人です。
新人は何か仕事をしたくて仕方ない、お客様と話したくて仕方ないと思っていますから、お客様に頼まれることが何よりもうれしく、ありがたいと思う気持ちをベテランよりも多く持っているからです。

頼まれることは、時に面倒です。内容によっては、「なんで私が?」「どうしてこのタイミングで?」と感じることも多いですよね。

それはきっと、頼まれることで自分の時間が奪われるという感覚があるからでしょう。

でも、そうではありません。**頼まれごとはノーリスク・ハイリターンな、人生の大きなチャンスです。**

頼まれる内容は雑用から重要な案件まで幅広いですが、「頼まれた」という事実は、人柄とスキル双方を認められている証だからです。

双方を兼ね備えた人は、さらに頼まれごとが増え続けます。

頼まれごとは大抵、人が困っていることとつながるので、解決していくプロセスで膨大な知恵を得ることもできます。

私がこの本につづっているのも、多くのお客様の頼まれごとから教えていただいたものがほとんどです。

■経営者のヒントはお客様のリクエスト

頼まれることで、ビジネスのチャンスも広がっていくようです。

某有名雑貨ブランドの経営者の方とお話ししていて、私はこのことに気づきました。

「お店、よく覗かせていただいております。楽しい商品がたくさんですよね」

「ありがとう」

「品ぞろえはどのように決めてらっしゃるのですか？　優秀なバイヤーの方もいらっしゃるのでしょうね」

「う〜ん、まあそれもあるけれど、**原点はね、お客様にリクエストを受けた商品は、たった1個でも丁寧にお応えして、このお客様の次のリクエストは何かな？と考えることなんだよね**」

この一言で、私は頼まれることがどれほどありがたいことか、そして頼まれごとは未来につながっていくのだと感じ取ったのでした。

実際に航空業界でも、CA受験生（＝業界に対して強い興味を抱いているお客様）に対して試験中に、「あったらいいなと思うサービス」などを積極的に問いかけたりしています。

受験生のほかに、お客様の視点に最も近い存在なのが新人CA。

新人CAは、お客様に何かさせていただきたい気持ちが人一倍強いものです。その姿勢は表情などを通じてお客様に伝わり、お客様の本音をうまくすくい上げることができる貴重な存在でもあります。

頼まれてうれしい、お役に立ててうれしい、なんとかお客様の声を拾い上げたい。そんな思いを、経験を重ねながらも持ち合わせ続けられる資質が、お客様が経営者として、そしてＶＩＰとして活躍なさる希有《けう》な存在となりえる理由なのでしょう。

column 3

時差ボケを防ぐ必殺小道具

ヨーロッパやハワイなど、人気の旅行先に短期間で滞在する際に避けられないのが時差ボケです。

CAも最近は、1泊の宿泊で世界中を飛び回る強行スケジュールで頑張っていますので、時差ボケの悩みは深刻です。1日の宿泊で、時差に影響されずに、どれだけ疲れを取るかが重要です。

それは、せっかくの旅行を楽しいものにしたいみなさんも同じはず。

時差ボケの対策としては、到着地の時間に合わせて食事を取る、朝日を浴びるなど様々ありますが、結局のところ、到着当日にどれだけぐっすり眠れるかにかかっていると言い切れます。

CAは、当日よく眠れなかったとしても翌日はまたフライトですから、しっかりと眠ることも仕事の一部です。

最も効果的なのは、「汗をかいて、体温を上げること」。

時差ボケになると、どうしても自律神経に支障が及び、体温が下がりがちで、冷えてしまいます。

時間があれば、ホテルのプールやジムでひと汗かけばいいのですが、そんな時間はありません。

好きな長さに分解できて持ち運びも便利です。

短い滞在時間で海外旅行中のみなさんも、ホテルにこもって運動する時間など取りたくないですよね。

CAは、お部屋でひと汗かいて、ぐっすり睡眠に備えます。

必殺技は、フラフープ。

もともとは、宿泊先で食べすぎた際にダイエット目的でくるくる回していた人が多かったようですが、汗をかき、かなり疲れてぐっすり眠れることから、時差ボケ解消グッズとして、長距離を飛ぶCAの間で人気が高いのです。

携帯用に分解できる超軽量小型フラフープも安価で売られていますし、おすすめです。

時差は、ヨーロッパからの帰国便や、ハワイ、南北アメリカなどへの出発便など、いわゆる東方向への移動の際が大きくなり、体への負担も大きいものです。

東方向へご旅行の際は、少ない宿泊時間を快適に過ごせるよう、お部屋でひと汗かいてからお休みになられてもいいのではないでしょうか。

VIP式 質問術

1 短時間で本音を引き出す質問の仕方

機内でCAに質問をしてくださるお客様は、ありがたいことにたくさんいらっしゃいます。質問を受けるということは、少なくとも相手が自分に興味を持ってくれている証ですから、誰しもうれしいものですよね。

「CAさんって日常生活でも、機内と同じようなマナーや接し方を再現できるものなのかしら?」

ファッション業界の先駆者でもある女性VIPのお客様に、質問をいただいたことがありました。

機内では様々な質問をお客様から頂戴します。

最も多いのは、「CAをしていて、一番よかった旅行先は?」という質問。

この質問であれば、「月並みで申し訳ないです。ハワイです!」と本音ですっぱり答えることができます。

すべてがこういった質問ばかりであればいいのですが、VIPの質問は一味違います。

なかでも**女性VIPのお客様は、同性どうしでもあるからか、同じく仕事を持つ女性として私たちのことをよく理解くださり、仕事や生き方の根幹に関わる部分についての質問をいただくことが圧倒的に多いです。**

うれしくもあり、大変返答が難しい場面も多いのですが、本音を話してしまう流れにうまく導かれることが多いです。

それは、VIPのお客様の質問の仕方に、ひとつの特徴があるからだと言えそうです。

質問をする際、誰しもなにかしらの「情報」を得たいわけですが、相手の本音にせまるほどの情報を掘り起こすことは簡単ではありません。

また、あまり深いところを急に聞かれると相手に警戒心を抱かせやすくなり、自身の印象を悪くしてしまう可能性もあるため、なかなか踏み込めないことが多いのではないでしょうか？

しかし、ほんとうに手に入れたい情報は、やはり相手の本音周辺に含まれるものです。

冒頭のように質問されて、一瞬たじろいだ私でしたが、あっという間に本音を引き出されてしまいました。

■「なるほど、でも」でグイグイ食い込む

「ずっと笑顔がくずれないわよね、どのくらい訓練するの？」

「そうですね、訓練の間は少しでも笑顔がくずれるとひどく叱られますし、機内に真顔でいるとクレームをいただくCAもいるほどですね」

「**なるほどね**、それだけやれば板につくわよね。**でも**、いつも同じ笑顔ってわけで

もないんじゃない？　ＣＡさんだって心があるわけだし。ファッションモデルなんかもそうなのよ。洋服のイメージに合った表情を作るけど、デザイナーや仲間との関わり次第で微妙に表情は変わるしね」

「そうですね。やはりお客様によってはいろいろ。でもまあ、なるべくお客様の使われる言葉やそのリズムなどを意識して、接し方を合わせるようにしますね」

「**なるほどね。**やっぱりすごいプロ意識よね。**でも、**合わせられないときって私はあるのよね。そんなときどうするのかしら？　なんて前から思っていたのね。ＣＡさんなら知っているのかな？　と思ってね」

「そうですね。ちょっと正直な話をしますと、まずい！　このお客様は苦手！　と感じたときこそ、訓練でならったマニュアルを思い出して、そこに逃げ込むクセがついているんですよ」

「なにそれ？」

「苦手な人、困ったシチュエーションをうまく切り抜ける術こそが、接客法であり、マナーだととらえていまして。苦手なお客様ほど、言葉づかいも表情もＭＡＸ

パワーでいいものに作り上げるクセがついていますね。プライベートでもそうかもしれません。親しい、好きな相手であればマナーは用なしになる部分もある気がします。実はマナーや接客法はCAが身を守るために存在しているかもしれません」

「**なるほど、**ってことは再現可能な笑顔ってことなのね。たしかにそんなふうに、笑顔を武装ととらえれば楽になるわよね。**でも、**ほんとに大変なお仕事なのね」

ほんとうはお客様でもあるこのVIPに、こんな本音を話す気はまったくなかったのですが、「**なるほど、でも、なるほど、でも……**」の組み合わせで少しずつ、自身が丸裸にされてしまい、最後にはごく自然に人との接し方の本音を吐露していたのでした。

VIPは、きわめて短い時間で相手の本音を引き出します。

「なるほど」と相手を受け止め評価し、すかさず「でも」でつなぎ、相手の本音や自身の本音をずばり絡めながらうまく情報を引き出す。

相手を喜ばせながら自身のメリットも過不足なく引き出せる上手な質問の仕方を、身をもって学んだのでした。

2 自問自答レベルを上げると、他人への質問力も上がる

あるフライトで、某有名中国料理レストランを経営されているお客様に、こんな質問をいただきました。

①「CAの仕事ってキツイでしょう? 客商売だもんね。こんなお客は勘弁してよ~っていうのってやっぱりあるの?」

実は、このような質問をお客様から受けることは、あまりありません。

②「いいですね~CAって。今月は他にどこにフライトなさるんですか?」とか、先ほどの「一番よかった旅行先は?」といった質問が多いのです。

これはCAの間では有名な話で、「またこの質問か……」といった感じで「私はいつもホノルルって言うことに決めているの」という仲間も多くいるほど。

もちろん他愛ないお話だけなら、それでも十分でしょうけれど、質問をきっかけに、せっかくなら楽しく、そしてできればもっと面白い話につなげたいですよね。

一見、②のように明るいテーマで質問したほうが話は進みそうなイメージがありますが、そうでもありません。

面白い話、互いの距離が縮まる話は、本音がポロリとこぼれおちる瞬間にスタートします。

機内に限らず、短時間で相手とぐっと近づきたいと願う方は、ビジネスシーンでも、プライベートシーンでも多いでしょう。私は①の質問をお客様に受けた際、いつもよりずいぶん饒舌に話していた自分に、後で気づきました。

■本音がこぼれる瞬間を逃さない

「そうですね〜、ありますよ。たとえば、機内にないものをあえてオーダーされる方とか。ほうじ茶オーレを所望なさる方などもいらっしゃいますよ。スターバックスにもあるから、できるでしょ！　なんて……」

「ええ!!　ほんとに？　どうやって対応するの？　大変だよね」

会話はものすごく盛り上がりました。


なぜ盛り上がったのか？

それは、VIPのお客様の質問に鍵があります。

お客様は、たくさんエピソードが出て、なおかつ本音の出やすい「不満」に焦点を当てて質問してくださいました。

このお客様は、機内で起こる様々なクレームやトラブルに、CAがどのように対応しているのかをお聞きになりたかったそうです。

CAと同じサービス業で長く成功なさっているだけに、ご自身の中でも「こういったお客様は勘弁いただきたい。みんなどんなふうに対処しているんだろう」と自問自答を常に重ねていたのでしょう。だから、サービス業であるCAの本音に深く切り込み、一気に相手との距離を縮める質問に成功なさったのでは？　と感じました。

質問でその人物の力量がわかるとよく言われますが、自問自答のレベルを高めておけば、自然に相手への質問レベルも上げることができる。そして、相手にぐっと自身を印象づけることができるのだと学んだのです。

一般的に、不満を口にしたりグチをこぼすのはマイナスなイメージがありますが、それらを材料に自問自答を深めていくことで、自身の思考は深まり、人との関わり方に大きなメリットをもたらすこともあると言えそうですね。

3 「なぜ」は禁句！ 会話が広がらないワードです

「なんで飛行機の窓はもっと大きくならないのですか？」
「なぜ雲をつかめないのですか？」
「どうして今日のCAさんは、みんなママみたいな歳の人ばっかりなのですか？」

お子様のなぜなぜ質問攻撃には泣かされます。

けれども、とくにファーストクラスのお子様の周りには、ご両親やおじいさまおばあさまなどなど、多くのお客様（しかもリピーター）がいらっしゃるため、その対応には注意が必要です。

お子様に嫌われたら終わりです。

同伴のご家族にも等しく、いいえ、それ以上に嫌われてしまいます。

また、周りのお客様からも、私たちがお子様の質問やご要望にどのように対処するかは、注目されていることも多いのです。

「子どもの質問や要望に、ＣＡがあんなに真摯に対処するなんて、素晴らしいと思いました」などというお客様の声も、実際に多く航空会社に寄せられるほどです。

お子様は「なぜ？」と質問するのが大好き。かなり難しく、核心を突くものも多いため、きちんと答えようとすると、こちらもかなり頭をひねらないといけません。「なぜ」に答えることは、かなり頭の筋トレになるということです。時に苦痛です。

この、苦痛という面に気づいているかどうかは、質問における要でもあります。

大人でも「なぜ」と聞くことが大好きな人は多い。それは「なぜ」が相手に負担を強いていることに、なかなか気づけないからでしょう。

「なんでジョギングしてるの？」

「え？　楽しいしなんとなく……ていうか、なんでそんなこと聞くの？」というふうに、「なぜ」は新たな「なぜ」を生み出すことも多い。あまり会話が広がるとは考えられません。いえ、むしろ「なぜ」に戻ってしまい堂々めぐりになっていくと言えそうです。

「なぜ」という一言は、相手の、そして自身の深い場所を探るパワフルな言葉です。他者に向けてではなく、自分を掘り下げる際にふさわしいと言えるかもしれません。

自身の掘り下げはどんどん進めていきたいものですが、相手の掘り下げには細心の注意が欠かせません。「なぜ」を投げかけたくなったら、一呼吸おいて別の言葉に置き換える工夫をすると、会話が広がるきっかけもつかめます。

■お客様に指摘された私の失敗

私が「なぜ」の使い方に敏感になったのは、ファーストクラスで接客を始めたころ、多くのＶＩＰのお客様を目の前にして、好奇心旺盛だったころにさかのぼります。当時はそれこそ子どものように、ＶＩＰのお客様に様々な質問を投げかけていました。

もちろん面と向かって、なぜなぜ？　と聞いたわけではありませんが、あるフライトで、ずばりと指摘されたのです。

「『え？　なんで枕が3個もいるわけ？』って今心の中でつぶやいたでしょ？」

と、外資系コンサルティング会社の取締役の方に話しかけられたことがありました。

お客様はフライト中ずっとＰＣで書きものをなさるので、腰や腕などに負担がかからないよう、枕を多用されている方でした。

「はい、ちょっとそのように思っておりました」

「**『なぜ』の代わりに、『どこに枕を置きましょうか？』と言ってくれれば僕はうれしいけどね**」

なぜ？　と感じたら、

①別の言葉に置き換え、「なぜ」を使いすぎないよう工夫する
②「なぜ」という疑問を解消するにはどうすればいいか、自分なりに掘り下げる
③②を行動や会話で形にする

という3ステップを踏まえて、やりとりを深めるといいと、お客様のアドバイスから学び取りました。

たとえば、先ほどの会話を「なぜ抜き」でやり直してみると、どうなるでしょうか？

「なんでジョギングしてるの？」
↓「いつからジョギングしてるの？」
↓「ジョギング続けてるんだね。どんなところがいいの？」

このように替えるだけで、随分話がスムーズに運び、相手との関係も深まりそうです。

まずは、「なぜ」という一言のパワフルさに気づくこと。そうすれば質問のレベルを高められるということに、お客様のご指摘が気づかせてくれたのでした。

column 4

ホテルでゆったり！　旅時間を邪魔しないパッキング

旅先での時間はとても貴重です。

とくに日本人の休暇と言えば、あっという間の4～5日といった強行スケジュールが一般的。にもかかわらず、到着後、結構な時間を費やしてしまいがちなのが荷物の整理です。

スーツケースから洋服を取り出して部屋の引き出しに入れ、しわになりそうなものをハンガーにかけて、お化粧品を鏡の前に並べ……と、気づけばせっかくの窓の外の景色を楽しむことをすっかり忘れてしまいます。

なかでも、ハワイなどリゾート地のホテルでは部屋が大きめということもあり、部屋のあらゆる箇所に物

を置き始めると、とても過ごしにくいのです。

CAは、突然フライトに呼ばれたり、急な出発があったりしますのでパッキングは秒速完了です。

いえ、正確にはパッキングという発想があまりありません。

パッキングと言えば、ああでもない、こうでもないと荷物を出し入れするだけだったり、リストアップした割には、現地に着いてから忘れ物をしていたりします。

パッキングと宿泊先での荷物整理を合理化すれば、かなりの時間が浮きますし、自宅にいるときとなんら変わりない環境で、移りゆく景色を十分に楽しめるという、ストレスのない旅を楽しめます。

旅はあらゆる感覚を刺激するので、お部屋でゆったり過ごせるようにしておけば、疲れを軽減できます。

お部屋で起こるストレスの代表格が、忘れ物と、出発到着時の荷物整理。

これらを攻略するツボはポーチにあります。

■ポーチ収納術

私のスーツケースは、真っ二つに割れて壊れたとしても、すぐに旅が続けられるようになっています。

最近はセキュリティチェックが厳しく、いつ全開を求められるかわかりません。また、他国での荷物の扱いは総じて荒っぽいものです。

私のスーツケースには、大小のポーチとクッションカバーがずらりとならんでいます。

そして、どのポーチに何を入れるかがすべて決まっています。

様々なかわいいポーチがそこかしこに売られていますが、私のお気に入りは機能性重視のブランド、La poche《ラ ポッシュ》です。ナイロン製で軽く、汚れに強く、カラフルでリーズナブルですのでCAにも人気です。

どのポーチに何を入れるか決めてあるので、空のポーチがあれ

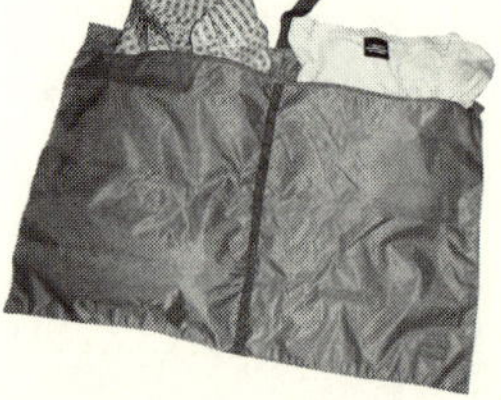

ば何か足りないものがあるとすぐにわかり、忘れ物をしようがない仕組みができあがるのです。

そしてこのように段取りをしておくと、スーツケースを開けることになっても、まったく支障ありません。

■洋服はクッションカバーをフル活用

洋服も、直にスーツケースには入れません。

ばらついてしまい、結局しわになりやすいのと、ホテルのクローゼットにそのまま洋服を入れるのに抵抗もあるからです。

私が活用しているのが、クッションカバー。

洋服用の大きなポーチも多数販売されていますが、意外に安価で生地がしっかりしていて、柄もかわいいものが多いのが、クッションカバーなのです。

大きさも様々ですし、丈夫で愛用しています。

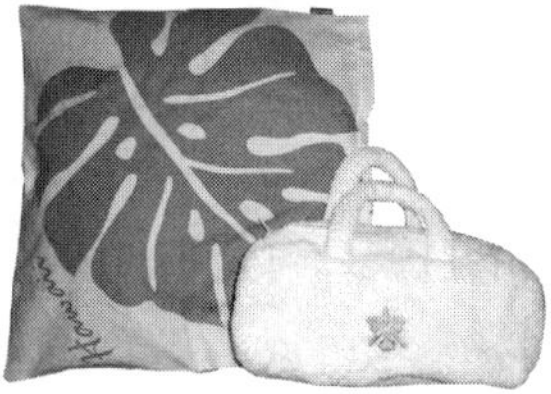

旅先で歩き回って脚が疲れたら、部屋のタオルや着終わった洋服を詰めてクッションとして脚を乗せればくつろげます。

また、壊れやすいお土産物はタオルをクッションカバーに入れ、その中に入れておけば安心です。ファスナーがしっかりしているので飛び出すこともありません。

■ワインのために靴下持参

お土産物の代表格として、ワインをはじめとしたアルコール類があります。

CAは酒豪が多いのですが、必ずカバンにしのばせているのが厚手の大きめな靴下。

登山用などがベストです。

ワインなどはそのまま靴下をはかせてスーツケースに入れておくと安心ですし、スーツケースにできた隙間を埋めるのにも、靴下はとても便利です。

また日本でもここ数年で広まったエコバッグは、ヨーロッパなどはスーパーの袋

すべてが販売制ですので、持っていくと安心です。

■紙袋を間仕切りに

間仕切りが少ないのも、悩みどころです。ポーチなど細かいアイテムが、スーツケースを閉める瞬間に隙間からはみ出して困った！　という方も多いのでは。

間仕切りとして、私は紙袋を活用しています。クッションカバーを使用しないときは、洋服を何枚か入れたらスーツケースサイズの紙袋を乗せ、さらにポーチ各種を乗せてまた紙袋を……といった感じで、ミルフィーユ状に荷物を整理していきます。

紙袋はいくつあっても旅先で使えますし、スペースもとらず便利です。帰りは、購入したお土産などの紙袋に差し替えると、きれいな状態で紙袋も持ち帰れて一石二鳥です。

出発前にひと手間かけてパッキングすることで、旅先でくつろぐ時間を増やせるのです。

第3章

VIPに学んだ、心を動かすエッセンス

1 トイレをピカピカにするお客様

人の心が大きく動く瞬間に湧き上がるのが「感動」です。

感動を自在に作り出すことができれば、常に人の心をとらえることができます。

こんな魅力的なワザであれば、身につけてみたいですよね。


感動を作り出す際に欠かせないのが、「驚き」ではないでしょうか？　私は機内で多くのVIPと接してきましたが、「目からうろこ」というシーンによくめぐり合いました。

「目からうろこ」というシーンには、「驚き」がつきものです。

同時に大きな「学び」までも得られ、その後の行動や意識が大きく変わることも多いのです。

VIPは、目の前の人を「驚かせる」ことで心をとらえていきます。

私が大いに驚かされ、触発されたのはこんなシーンでした。

日本の航空会社機内のお手洗いは、常にきれいに保たれていることでつとに有名です。おおよそ3～4名のお客様がご使用になれば、CAが必ず掃除をしていることが大半です。

ファーストクラスやビジネスクラスには、専用のお手洗いがしつらえてあります。

エコノミークラスで行列に並んでお手洗いを待つのは不愉快なものですが、快適にスムーズにお使いいただける特権がファーストクラスにはあるわけです。

エコノミークラスでは満席便の際はとくに、お掃除が行き届かない場合もままあります。そのとき、「トイレ掃除してください！」「どうなっているわけ？　汚いよ！」とご指摘を受けることもあります。

ごもっともな指摘です。

ファーストやビジネスクラスはお客様が少ないため、こういった事態はそもそも少ないですが、ＶＩＰのお客様のお手洗いの使い方には特徴があります。

そろそろ掃除に行かなければ！　と思っていた矢先に、ある著名経営コンサルタントの男性のお客様がお手洗いに入られたことがありました。

そのお客様の前に数名のご使用があったと知っていましたので、シンクや蛇口、鏡に水滴などもかなり飛んでいるでしょうから、出られたらすぐにお詫びをしようと思って待機していました。

「大変失礼いたしました。御不快な思いをさせてしまいまして。お掃除が行き届かず申し訳ございません」

「え、なに？　僕は快調だけど」

その後お手洗いを見て驚いたのですが、水滴はどこにもひとつも残っておらず、まるで使われていないお手洗いであるかのようにきれいに整えられていたのです。

これだけきれいに整える方でらっしゃるのですから、最初にお手洗いに入られた際、随分不快な思いをされたにちがいありません。

「お客様、お手洗いを整えていただきましてありがとうございます」

こうお礼を申し上げると、

「習慣だよ。後始末は目立つものだからね。わざわざお礼を言ってもらうほどのことかな。まあ、お手伝いできて光栄だな」

と、一言くださいました。

このお客様は実は、お手洗いの後がきれいなことで先輩ＣＡの間ではすでに有名であると後で知りました。

私は、叱られるよりも恥ずかしく、そして行動によって大きな気づきを与えるＶＩＰの姿勢に大きな驚きと学びを得たのでした。

2 VIPはゆだねることで相手の能力を引き出す

VIPのお客様はそれぞれの世界でリーダーシップを執っていて、凄みを感じさせる方というイメージがあるかもしれません。

誰かの意見や指示に従うというよりは、指示する側といった印象を持ちがちです。

通常のシーンではそうなのでしょうけれど、ピンチの際に人の本質は現れるものです。VIPのお客様の存在感は、シチュエーションによって大きく変わります。

ある日のフライト中、飛行機の計器に故障が見つかりました。出発空港である成田に引き返しメンテナンスをして、再度飛び立ち現地に到着するとなると13時間の到着遅延となってしまう事態になりました。

機内はクレームの嵐。当たり前です。

随時機内アナウンスでお伝えはしているのですが、

「何時に着くんだ？」

「乗り継ぎに間に合わないじゃないか！」

と、まずは状況を把握したいみなさんのクレームが殺到しました。

この便のファーストクラスには、大手総合商社の会長が搭乗なさっていました。到着地であるロサンゼルスで大切な会議があり、定刻到着を離陸前に何度も秘書の方が確認されていたほどです。

「状況を説明しなければ」とお席に伺いました。一通り説明を終えると、会長はたった一言、このようにおっしゃったのでした。

「事情はわかりました。あなた方のベストで対応してください。こういうときは、すべておまかせするのが一番ですからね。頼みましたよ」

多くのお客様は、「この航空会社はまったく頼りにならない、少しでも自分でなんとかしたい」という姿勢でいらっしゃったのですが、このＶＩＰのお客様のゆだねる力には圧倒されました。

全面的にゆだねられていると感じられると、身が引き締まるものです。

そして、**ゆだねてくださった以上、ご期待以上にお応えしたいと思うのが人間の心情ではないでしょうか。**

遅延は避けられなかったため、とにかく何かさせていただけないかと考え、空港近くのホテルの空き状況などを地上スタッフと協力して調べ上げ、なんとか遅延の影響を最小限にとどめることができました。

ゆだねていただいたからこそ、私たちの力も通常以上に引き出されたのです。

■ 存在感を植えつける効果も

人は頼りにされると、大きな喜びを感じます。目の前の人物をうれしい気持ちにさせることができれば、それに比例して支持者はどんどん増えていきます。

著名な故松下幸之助氏の口グセは、「君、どう思う?」だったそうです。

意見を求められた人々はとてもうれしくて、一生懸命それに答え、そして答えるうちに、松下氏に惹かれていったそうです。

VIPのお客様の中にはこういった方がほんとうに目立ちます。

相手にゆだねることで、自分自身の殻を破れたり、新しい知識を吸収できたりすることを人一倍ご存じのようです。そういった姿勢が多くの支持と成功を呼び込むに違いありません。

「おまかせします」と一言発し、ゆだねることで他者の能力を引き出す。

なおかつ自分の存在感を植えつけることも可能だと、VIPのお客様はご存じなのでしょう。

3 「勉強不足でわからない」と言うのは圧倒的にファーストクラスのお客様

みなさんは難問にぶつかったとき、素直に「わからない」「知らない」と言えますか？

若い人は比較的素直に言えて、経験を積むほど難しくなるという感覚をお持ちの方も多いかもしれません。

しかし、ＶＩＰのお客様にはこういった一般論は当てはまりません。一般論を超えたアクションの継続が、ＶＩＰがＶＩＰたる所以のようなのです。

ご活躍の方、成功なさっている方ほど「わからない」「知らない」という言葉を活用されている。

まずは自分を相手よりも目下の位置にもっていくことで、より一層多くのことが吸収できると、ＶＩＰのお客様はご存じです。「わからない」「知らない」と発するだけで、相手をぐっと高い位置に押し上げることが可能となるのです。

あるフライトで、某大手外資系エアラインの日本支社長の、イタリア人の方が搭乗なさいました。

私がCAとしての基盤を学んだ日本航空のサービスは、多くの外資系エアラインの「日本人向けサービス」のお手本とされています。とはいえ、いずれのエアラインもその国を代表して最大限のおもてなしをしているわけですから、プライドを持っています。

そのことは同業者として何よりもわかっているつもりなので、このお客様の第一声にはとまどってしまいました。

「あのね、勉強不足で恥ずかしいのですが、ファーストクラスでおしぼりをピンセットでお配りすることはJALはしないのかな？ やっぱり君なんかからするとおかしいって感じるかな？」

熱いタオルおしぼりは、乾燥する機内ではなによりのサービスです。

昔はエコノミークラスでも熱いおしぼりのサービスがありましたが、現在はファーストやビジネスクラスに残されているのみのエアラインがほとんど。

外資系エアラインでは衛生面を考えて、熱いおしぼりをプラスチック製のピンセットでつまみ、お客様に提供します。一方、日本のエアラインのファーストクラスなどでは大抵バスケットに熱いタオルおしぼりをきれいに並べ、お客様ご自身で手にとっていただくスタイルをとっています。ピンセットでおしぼりをつまんで渡されるのは、日本人にとってはなじみの薄いことですから。


「さようでございますね。ピンセットで渡されると、やはり日本人としては抵抗があるかもしれません。おしぼりが衛生面にこだわって渡されるかどうかに、それほど日本人は価値を見出さないかもしれませんね」

「やはり日本人には、他諸国の人たちとは別の独特のサービススタイルを提供しないといけないね。ありがとう」

■へりくだることで紳士ぶりが際立つ

こちらのお客様は、同業でなおかつ圧倒的に経験値の浅い、一CAである私に「勉強不足ですけれど……」と問いかけてくださったのでした。

お客様は謙虚にご質問くださったのだと思いますが、そのスマートさは非常に印象的で、むしろその紳士ぶりが際立ち、魅力と存在感はへりくだりに比例して格段にアップしたのでした。

お立場のある方が多いファーストクラスから、「わからない」「知らない」という素直な言葉が多く聞こえてくるのは単なる偶然ではないのだと、そのとき感じたのでした。

知らないと素直に言えるだけで、相手との距離をぐっと縮めることもできるのです。

4 「好かれる」よりも「畏れられる」存在になる

CAが機内でニコニコさわやかな笑顔を保っているのには理由があります。

ひとつはもちろんお客様のために、ふたつめはそもそも愛想のいい女性がこの仕事を選んでいる場合が多いという理由もあります（すべてとは限らないと、機内を見回してつくづく実感するのが、つらいところですが……。現役時代の自戒も込めて）。

さらにもうひとつ、大きな理由があるのです。

よくお客様に、「CAの世界は女性だらけだから、大変なのでは？」と聞かれます。

はい、大変です。

会社にもよりますが、現在日系エアラインのCAの年齢層は、20代〜50代と幅広い。機内は、すべての世代が混乗している便もあれば、20代と50代のみで構成される便もあり、多種多様。CA採用試験でも、「年配の女性とうまくやっていける力量があるか否か」が合格の大きな分かれ目になっているほどです。

仕事がかなり好きで続けている女性も多いため、総じて年配の先輩はプロ意識も高く、厳しい方が多いものです。

ここに、CAが常に笑顔を保っていられる理由があります。

「あの先輩CAの前ではいいところを見せたい」

「あの先輩CAは失敗を許さないから、気を抜いてはいけない」

などと、プレッシャーをバリバリに無言でかけてこられる先輩が機内にはたくさんいます。それらの先輩を「恐れている」場合もありますが、それだけでなく多くが「畏れる」存在でもあります。

人は、畏れる人の前で大きく成長できます。

「恐れ」だけでは、委縮して成長を妨げてしまいますが、そこに「畏れ」が含まれると大きく飛躍できます。

■ベテランCAの貴重な教え

私が畏れていたチーフCAは、ものすごく厳しい女性でした。

CAは、機内サービスの合間に怒涛のように5～10分程度で食事を取ります。CAにとって食事を取ることは業務の一つです。事故など緊急事態が発生した際に、お客様を数分で脱出させる責任があり、その際にすきっ腹では話になりません。

1日に数回、こまめにクルー専用の食事が支給され、少しでも手をつけるように指示されます。

ですが、ゆっくり味わっている暇などまったくないのが現実。

私は新人のころ、食べるのが遅い！　とよく注意を受けていたので、このチーフにもいいところを見せようと、おそばやサラダなど、食べやすいものばかりをどんどん口に運び、一人早食いフードバトルをギャレーで繰り広げていました。

「くるみさん。あなたはまだまだね。早食いをそう感じさせないように、食べ方を工夫しないとだめ。同じものばかりを食べないで、バランスよく頂くと見た目もいいでしょ」

「え！　でもスピードを意識することで精いっぱいです」

「鏡を机に置いて、食事するようにしてみたら？　客席だけでなく、どこからお客様に見られても大丈夫なように、普段からレッスンしないとね。そういう意識ってファースト（クラス）のサービスではお客様に必ず伝わるものよ」

なんとこのチーフは、どのように食事をすれば感じがいいか、どのように食事をすれば早く、なおかつエレガントかを、机に鏡を置いて毎日研究していた時代があったそうです。自宅での食事はもちろんのこと、機内でクルーミール（乗務員用機内食）をいただくときも、数年間、必ず自分の食事の様子を客観視していたとのこと。

そういえば、あっという間に終わるチーフの食事風景はとても優雅なのです。

陰の努力を知ったとき、そこまでなさっていることに驚くと同時に、チーフの厳しさが説得力を持ち、ついていきたい、ぜひこの方に認められたいと畏れの気持ちがわいてきたのです。

こういった女性の世界独特の厳しさをおおむねクリアしたＣＡに与えられるのが、ファーストクラスやビジネスクラスのサービス。

今度は、畏れるべきお客様がたくさんいらっしゃり、先輩の要望（＝会社の要望）と、お客様の高いレベルの要望にバランスよく応えきるプレッシャーの中で大きく成長していきます。

■「畏れ」には明確な根拠がいる

人を励ますとき、相手に純粋に元気になってもらいたいと願って言葉を発する場合と、励ました相手に何かアクションを期待している場合とがあります。

ビジネスシーンで圧倒的に多いのは後者ではないでしょうか？

人にいかなる言葉を投げかけ、励ませば、自分の望みに近いパフォーマンスを相手が実現してくれるか。

計算高い話になってしまいますが、そう考えてしまう方も多いに違いありませんし、本書でもその術についてお話ししています。

このとき、根本をなすものとして畏れが存在しているのです。

まずは、相手にとって自分が畏れられる存在となっているか否かが肝心であり、そこができていさえすれば相手は伸びざるを得ない状況に自然と追い込まれ、期待どおりの行動にもつなげられます。

では、いったいどうすれば畏れられる存在に近づけるのか？

「畏れられる存在」と似て非なるものに、「好かれる存在」があります。

たとえば一般的に、職場で後輩から支持の高い存在と言っても「好かれる先輩」と「畏れられる先輩」に分かれるものです。

いずれが後輩を伸ばせるかといえば、圧倒的に後者。

「好かれる」という状態は不安定な存在感しか相手に与えることができません。

それは個々が好みをもっていて、好みは多分にそのときの感情や状況に左右されるからです。

「理由はないけれどあの人がなんとなく好き」「何かされたわけではないけれど、なんかあの人は苦手」といった感情は、人間であれば誰しも持ち合わせているものです。

「好かれる」というのは、「他者からの不安定な評価」とイコールだとも言えるのです。

きっとプライベートシーンではこちらが重要となるのでしょう。

しかし、ビジネスシーンでは事情は異なります。ビジネスシーンで重要な「畏れ」には明確な根拠が欠かせません。

「あの人が好き、理由はわからないけれど」ということはあっても、「あの人を尊敬して（畏れて）います。理由はないけれど」ということはありえません。

必ず「あの人を畏れています。それはファーストクラスのお客様の要望に素人CAの5倍の解決法を提供できるからです」ときちんと根拠を示すことができるはずです。

相手を励ます、喝を入れる、そしてそれを受け取る。こういった際に欠かせないのは、受け手が「あの人に励まされて自信がついた」「あの人に注意されるなんてほんとうにまずい」と思えるだけの根拠（実力）を兼ね備えていることです。

そして、畏れられる存在になるためには、他者にそれ相応の根拠を示すことができるか否かが大きく関係しているのです。

相手に畏れの気持ちがあれば受け答えも変わり、さらなる助言も引き出せます。

畏れを感じてもらえる存在を目指す、そして畏れを感じる人のそばにいること。

このことが人を激励し、される際の要諦だと知ったのでした。

多くの畏れるべきお客様と長年接してきたベテランＣＡに教わった、貴重な知恵です。

column 5

CA採用試験は「おばちゃんウケ」する人が受かりやすい

CA採用試験は、おおよそ100倍～400倍の競争率となるのが通常です。日本で最も多くのCAを採用する会社は、ANA。採用される年齢層は、新卒学生はもちろんのこと社会人からも幅広く、実際に30歳代後半の合格者も誕生しているほどです。

会社によって採用基準はまちまちですが、大きく分けて、ヴィジュアル系採用試験（第一印象重視選考）と、トータル審査採用試験（内面、語学力と第一印象）の2派に分かれます。

外資系航空会社も日系航空会社も、この2派いずれかにあてはまるようです。簡単にいえば、いわゆる美人が好きなエアラインはやはり存在しているということです。数は圧倒的に、後者のほうが多いですけどね。

おもに、男性面接官が採用のカギを握る会社は前者となり、女性面接官となると後者の選考スタイルとなります。

ちなみに、ＪＡＬやＡＮＡなどは後者に当てはまるようです。

また前者に当てはまるエアラインとしては、アジア系外資系エアライン全般が代表格と言えるかもしれません。こちらの試験では、脚線の写真撮影や肌状態のチェックなどが重視されます。

応募の際は、受験生さんは真剣そのもの。

まずは応募写真を準備することから試験は始まります。スナップ写真などが必要になりますが、エアライン試験専門の修正写真を請け負う写真館などは大盛況。屋外ロケなどで、納得のいく写真を撮り、エントリーシートに貼り付ける方も多いようです。

ただ実際のところ、もっとも重視されているのは、まさに会話力。

初期段階では、表情など第一印象もチェックされますが、最後はしっかりトーク力を問われます。

サービス品がどんどん少なくなり、エコノミークラスはもちろんのこと、ビジネスクラス、ファーストクラスでも、楽しい会話そのものが、お客様への最大のサービスになりうるからです。

ちなみに、CAは年齢が上がるほど美人占有率が高いといわれています。50～60代の元CAの美人度はかなりのものです。その昔は、局アナ並みの存在感もあったそうですからね。

現在は、年齢制限がない試験となっているため、仕事をしながら数年がかりで準備をし、CAの夢をかなえるべく頑張っている方も非常にたくさんいらっしゃる、熱い女の戦いが繰り広げられる試験とも言えます。

何はともあれ、入社後は女の世界。上司も同輩も後輩も女性だらけです。

実は、「おばちゃんウケ」する女性が、最もCAとして仕事を楽しめるタイプなのです。

CAを目指すみなさんは、ぜひこのあたりをおさえておきましょう！

VIP式 ほめ方

1 ほめとは、相手をよく見てエネルギーを注ぐこと

人は誰しも、ほめられることをうれしく思うものです。

うれしいだけでなく、ほめてくれた人のことを忘れません。

なぜなら、ほめるためには相手をよく見つめ、理解し、存在を認めるエネルギーを割く必要があると、誰もが知っているからです。

その手間が、「この人は、私のことをわかろうとしてくれているな」という印象を生み出し、相手との距離がぐっと縮まり、相手に何かしてあげたいという気持ちを引き出します。人が自分に割いてくれた時間や手間は、必ずお返しをしたくなるものでもあるからです。

ところで、ほめというと、「すごい!」「さすが!」「やるね!」といった美辞麗

句を並べる印象がありませんか？

もちろんこういった使い勝手のいい表現は、ビジネスシーンでも有効だとは思いますが、これらの言葉を発して相手を持ち上げることは、ＶＩＰ式ほめとは言えません。

ＶＩＰ式は「わかっているよ、君のこと」と相手への理解を示すこととイコールです。

ＶＩＰのお客様は案外口下手でシャイな方も多い。いわゆる美辞麗句に含まれがちなお世辞が得意でない方も多いのが、実際に接客していて意外でした。

■通販会社の社長がお怒りに……！

あるフライトで、某有名通信販売会社の社長が搭乗なさいました。

明るい方というイメージを持っていたのですが、実際にサービスをしている間、無口でちょっと憮然とした顔をなさっていたのでやりにくいなと感じていたのです。

やりにくいなと感じたら、頭の中で非常ベルが鳴り響きます。とくに手厚く集中的にサービスをしていく意識を持たなければなりません。CAも人間ですから、相手の憮然とした態度に巻き込まれてしまいそうになるからです。

そのお客様が、フライト中に初めて声をかけてくださいました。

「『ゴルフダイジェスト』ある？」

「ゴルフダイジェスト」はVIPのお客様に人気の専門誌ですが、その日はあいにく月末の入れ替え時で搭載中止となっていたのです。

「申し訳ございません。本日は搭載なしで出発しておりまして。少々お時間いただけますか？　『ゴルフダイジェスト』に代わるものになるかはわかりませんが、用意させていただきたいのですが」

「いいよ」

すでに憮然モードは最高潮といった感じ。ファーストクラスに乗っていて要望に応えてもらえないというのですから当然です。

お客様を差別することは機内では一切ありませんが、やはりクラスごとに区別することは欠かせません。ファーストクラスであれば、機内で限界ぎりぎりまで知恵を絞り、お客様の要望に応え切らなければなりません。

■絞った知恵を認めていただく

数名のCAで手分けして、機内中の新聞や雑誌を集め、ゴルフ関連の記事を整理し、切り抜いたりポストイットを活用したりしてお客様にお持ちしました。

「この程度ですので、雑誌には到底及ばないのですが、こちらに置かせていただいてもよろしいでしょうか？　ファーストのお客様に本当に失礼な不細工なものなのですが」

「雑誌には及ばないか……。いいよ、十分です、及びました」

「？」

「あなた方がどんな言い訳でもって、それを渡してくれるか注目していたんですよ」

「とおっしゃいますと?」

「とりあえず、**僕の言いたいことを全部代弁してくれていたから許します。**ファーストクラスはすべての希望がかなう場所なのに、いつもある雑誌がなくてがっかりしたという気持ちさえ伝わっていれば十分気が済みました。ファースト客として納得のいく対応をしてくれてありがとう、満足です。やっぱり日本人CAはいいね。拝見します」


憮然としたお客様が怖くて、とりあえず相手の気持ちを想像して、言われそうなクレームを代弁した私。

クレームを避けるために、先まわって自爆しておこう……と保身から出た言葉の数々でもあったのですが、気づけばお客様こそ私のそういった気持ちを正確に把握くださり、最後は、私が期せずしてほめられるというオチとなってやりとりが完結していたのでした。

そして、無口だと思っていたお客様が、ほめるときに今までで一番饒舌《じょうぜつ》だったことも心に突き刺さりました。

ＶＩＰ式ほめとは、「君のことを理解しているよ」というメッセージを、様々な表現を駆使して伝えていくことなのです。

そして、ほめのシーンでは饒舌になれる無口なお客様の存在感は、やはりＶＩＰならではだと感じたのでした。

2 相手が日ごろ大切にしている心がけに注目する

誰しも、ほめられるとうれしいものです。

ほめ殺しという言葉もありますから、人はほめられ、評価されることが根っから好きなのでしょう。

しかし、ほめられる内容は大抵いつも同じではありませんか？

「そういえば私は、いつもこの部分でほめてもらえるな」と感じる方は多いはずです。

他人によくほめられる部分は、ほめられ慣れていてあまり感激はありません。

「ありがとうございます！　うれしいです」「そんなふうに言ってもらえるなんて!!」などと、初めてほめられたかのように喜んだふりをした経験がある方もいらっしゃることでしょう。

目に見えている相手の長所をほめることは、ＶＩＰ式ほめには程遠い。「ほんとは、ここをほめてもらえたらうれしいな」という心の奥底の願望を感じ取ってくれる人に、誰しも強く惹きつけられるのです。

人はたいてい、ないものねだりなものですから、自分に足りないものを埋めるための努力を積んでいる場合が多い。相手が自身の何に不足感を抱き、埋めようと努力しているかをくみ取って、その行為をほめるのがＶＩＰ式です。

ＶＩＰのお客様はまさに、ほめながら相手のことだけをテーマに話すことで、ご自身の存在感を強く相手の脳裏に焼き付けるような方が多いのです。

■コートをお預かりした際の出来事

ビジネスクラスやファーストクラスでは、コートやジャケットを機内でクローゼットにお預かりします。

クローゼットには旅慣れたお客様の高級なお洋服がずらりと並び、圧巻です。

お預かりする際にも、たとえばエルメスの最高級のカシミアコートなどは超絶的に軽く、持った瞬間にその値打ちが感じられます。

フライト中に、小市民な私などはCA仲間と、クローゼットをよく覗いていました。遊んでいるわけではなく（まあ、ちょっとした息抜き、ウインドーショッピング的楽しみでもあります）、一流品をたくさん見ていれば、たとえどこのブランドかはわからなくとも、「これはタダものでない逸品のようだから、とくに丁寧にお預かりしなければ」と感覚的にわかるようになります。

VIPのお客様は洋服にこだわりのある方も多いため、やりとりのきっかけづくりのためにも欠かせないわけです。


冬のある日、世界的に著名な日本人男性デザイナーのお客様がご搭乗になり、コートとジャケットをお預かりしました。

もちろん見るからに高級そうな、艶めく生地を使ったものだったので、ちょっとそのことを話してみようかと思った瞬間、ちらりとシャツの袖口が見え、珍しいカフスをお付けになっていることに気づきました。

お洋服のことをほめるつもりが、たまたまカフスに目が行ったのです。カフスは案外デザインにバリエーションがないもので、珍しいものをお付けだととても目立ちます。

「珍しいカフスをお付けですね」

「ああ、これ？　気づいた？　うれしいな。これはね、モスクワで30年くらい前に買ってね……」

と、嬉々として、カフスとの出合いのエピソードをお話しくださいました。そして、

「行きの便ではコートとジャケットをCAさんにほめてもらったけど、カフスはほんとにうれしいな。**君は、きっといろんなものを注意深く観察するクセがついているんだね。それも、長くそのことを続けているはずだよ**」

と言っていただけたのです。

「よく気づいたね～、CAさんらしいね」とのほめ言葉だけであれば、記憶にも残

らなかったと思いますが、多少なりとも小市民的心がけ（クローゼットを覗くなど）で観察力を養ってきたことをお客様に評価していただいた気がして、とてもうれしかったのでした。

相手が常日ごろ、どんな心がけを大切にして過ごしているか。そこに気づいて、言葉にして評価してあげるのが、ＶＩＰ式。

上手に相手を評価することは、自身の評価を大きく引き上げることにもつながるのです。

3 イタリア人に教わった、恥ずかしがり屋でも使えるほめテクニック

人をほめるエッセンスをＶＩＰのお客様に教わった私ですが、さらに〝ほめ道〟の師匠とするべき方との出会いがありました。

それは、イタリア人のお客様。

そもそも外国人は日本人に比べて、コミュニケーション能力に長ける方が多い。なかでも、目の前の人を喜ばせることで世界的に有名なのはイタリア人だといわれています。

私も半信半疑でしたが、イタリア政府関連機関にお勤めのＶＩＰのお客様とやりとりをして、その噂は本当なのだと知りました。

ちょっと話はそれますが、イタリア人のコミュニケーションに近いのが、関西人

のコミュニケーション。パスタとお好み焼きが有名――というように、粉モノ文化まで似ていますが、搭乗の際もとても特徴的です。

関西人のお客様に圧倒的に多い「搭乗の際のごあいさつ方法」があります。

関西人のお客様は想像力が豊かなためか、到着地のあいさつを早速日本発の際に使ってみたい、すでに気持ちは到着済みという方が目立ちます。

「ボンジョルノやで、スチュワーデスさん」

ローマ行きですと、こんな感じのごあいさつをくださるお客様が多いのです。

イタリア人のお客様も他国のお客様に比べて圧倒的に、「コンニチハ」とか「タダイマ（なぜかこんにちはと間違われることも多いのはご愛敬）」と、現地出発の際にお声掛けくださる方が多い。

そういった想像力は、相手の心根を感じ取っていかなければならないほめのシーンに、いかんなく発揮されます。

そのイタリア人ＶＩＰのお客様は、お辞儀を頻繁に機内でしている日本人ＣＡ

に、いたく感心されたようでした。

「お辞儀っていいね〜。僕たちの国にはないからね。それって、相手によって変えているものなの？」

「どんなときにお辞儀をするの？」

「お辞儀して、下を向きながら相手を心の中で罵倒していることもあるんじゃない？」

「お辞儀を身につけるのはどのくらいの期間かかるの？」

「〝ごめんなさいのお辞儀〟と〝ありがとうのお辞儀〟も使い分けているんでしょ？」

質問は矢継ぎ早に続いたのですが、そもそもほめてくださったのは「日本人ならではのお辞儀」についてのみ。

たったひとつのことをほめてくださっただけのはずが、随分たくさん、長くほめられた気分になりました。そして、たくさん質問されたことで、自分が普段あいさつに心を砕いていたことに気づかされたのでした。

■質問を重ねて称賛する

① ほめる内容はひとつ

② ①について、いくつかの質問を投げかける

③ 相手が考えるきっかけを与えたことで、自身を印象づけ、相手の気づきにも貢献できる

ほめ上手は、質問とほめをコンビネーションで相手に伝えることで、相手との関係を深めると知ったのでした。

質問は想像力のたまもの。相手が何を聞かれたいか、そして聞かれたくないかを常に想像しながらしていくものです。

ほめのシーンでも、質問を組み合わせることは相手への最大のサービスと言えそうです。

column 6

旅行に持っていくと話がはずむアイテムベスト3

気の置けない人との旅は楽しいものです。

一緒に行く人はもちろん、旅先で出会う人との交流も醍醐味のひとつです。

CAは、決まったメンバーでフライトすることは少なく、初対面のCA（なんといっても航空会社には数千人単位でCAがいるので）と、うまく交流を図りながら仕事を進める必要があります。

国籍の異なる仲間や、初対面の仲間、そして初めてお目にかかるお客様と話のきっかけにつながるアイテムを持っていくことが多いのです。みなさんの旅にも、きっと応用できるアイテムばかりだと思います。

まずは、機内のお茶菓子にもなっている「柿の種」。

世界各国では、ナッツとおかき（ライスクラッカー）がミックスされてパックになったおつまみも大人気。おかきそのものが他国の方たちの口に合うようで、さらにぴりりと味わい深い柿の種も好まれています。

外国人にお菓子としてあげると最も喜ばれる！　と、多くの日本人CAが言います。

海外でサービスを受けたときなど、チップとともに小袋をプレゼントすると、翌日サービスがとてもよくなるのでおすすめです。

また、寒い地域に行く際は、カイロ。

カイロは日本が先進国で、多くの外国人CAも、日本線乗務の際、シンプルなカイロから背中や足、靴に貼れるようなものまで、買いだめする人も多いです。

そして、旅仲間もびっくり、そして旅先で出会う人もびっくりなのがこの逸品。

その名は、JOBYゴリラポッド。

なにそれ？　という感じかもしれませんね。

いわゆる、デジタルカメラ用の三脚なのですが、三脚部分がプラスティックででできており、足はタコ足のようにどこにでも巻きつけられます。

人にシャッターを押してもらうのは気が引けるもの。

この軽いタコ足三脚は軽い、安い、便利の三強で、現役CAで旅先に必ず持参する人もたくさんいます。旅先で「どこで買ったの?」と話の種になることも多いです。

一人旅でもバッチリ撮影できます。

旅のアイテムは、便利さとともに、何か会話のきっかけにつながるものであれば楽しいですね。

第4章

VIPに学んだ、言いにくいことをさらりと伝えるエッセンス

VIP式 断り方 1

相手に希望を持たせない。しっかり断りお礼で締める

「あちらの方、○○さんですよね」

「ええ、さようでございます」

「ちょっと声をおかけしたいんだけど、大丈夫そうかな？」

「伺ってまいりますね」


ファーストクラスには、誰もが一度はお話ししてみたい魅力的な方がたくさんお座りです。このように、お客様の間にCAが入って、意義ある交流が進むようお手伝いすることもあります。

CAは基本的に、何事に対してもぎりぎりまで断らない工夫をすることが仕事です。「NOを言わない運動！」が社内で行われたりするくらいです。

これはサービス業では当たり前で、NOをどこまでYESに変えられるかがスキルとみなされます。NOを言わない工夫が私たちの報酬と言っても過言ではありません。

ですから断る際は常に、断った後のことをシミュレーションしています。

①今回断ったことは、他航空会社ではOKになる可能性はないか？
②意向を拒否したことでお客様が気分を害され、マイナスのイメージを植えつけるのではないか？

機内での出会いは1回限りで終わることも多いので、基本的にフォローの機会は皆無という前提もあります。そのため、なおさら今後のことをシミュレーションしてしまいます。なかなか頼まれごとを拒否することができません。

みなさんもおそらく、様々なシーンで同じ思いをされているのではないでしょうか？　断ったら自分が相手からどのように見られるか、どうしても気になってしまいますよね。

相手の気持ちにそうことの重要性はこれまで話しましたが、断るときは異なります。

断るときは、「相手が自分をどう見るか」よりも「相手に何を伝えるか」を優先しなければなりません。

「相手の立場に立って想像する」ことと、「相手が自分をどう見るか想像する」ことは、似ているようでまったく異なります。

経験浅いCAだったころ、VIPのお客様がこのことを教えてくださいました。

■「君の会社ってほんとケチ」と言われたら

ファーストクラスにお座りのお客様が、こんなことを私におっしゃいました。

「僕の妻がエコノミーにいるんだけど、今日はこの隣の席、空席だよね。座ってもいいでしょ」

「申し訳ございません。それはちょっと……」

「○○○（ライバル他社）ではやってくれたのに、ほんと度量がせまいよね、君の会社って」

「申し訳ございません。○○○さんではそのように対処なさったかもしれませんが、私どもでは……」

もじもじしていたのは、やはり「他社」という、CAにとっては脅威のひとことが聞こえてきたからです。実際には、全エアラインでこういったかたちのアップグレード（上席への移動）はありえませんが、お客様の依頼を拒否するのが怖かったのです。今ならバリバリ断りますけど……。


戸惑っていた私を見て、大手菓子メーカーの社長をなさっているVIPのお客様が、サービス後、声をかけてくださいました。

「そんな希望には応えられません！　というのが君の言いたいことでしょ」

「そうなのですが、お客様にNOを言うのが怖くて」

「NOって言ったって、あの人を拒否しているわけじゃないじゃない。できません、ごめんね、という説明をしているだけでしょ。そんなに自分を責めなくてもいいんじゃないの。行き詰まって、すぐに仕事やめなくちゃいけなくなるよ」

■すばやく「サンキュー」で切り上げる

お客様は、なにげなく言ってくださったのかもしれません。

私は、「自分がどう見られるか」を優先して考えていたのです。保身に走っていたのですね。

NOをきちんと伝えることを優先してきっぱり答えていれば、本当の意味でお客様の立場に立った物言いができたわけです。

相手に「どう見られるか」よりも、「何を伝えたいのか」を断る際に優先することを忘れなければ、結果として相手の立場に立ってお断りすることができると学んだのでした。

その後も、同じようにお席の無償アップグレードをご希望のお客様に出会いましたが、

「弊社では、そのようなサービスは一切お受けしておりません。こういった勝手をご理解いただけることに心より感謝いたします。ありがとうございます。何か他にできることがありましたら、いつでもお申し付けください。他でぜひ挽回させていただきます」

と、きっぱりと、躊躇なく答えるようになったのです。

このようなお断りとお礼の組み合わせは、英語など外国語では、何かをお客様に命ずる際によく見受けられます。

たとえば、「シートベルトをお締めください」といった表現でも、いち早く文末を「サンキュー」で締めくくります。

きっぱりと物事に白黒つける外国人は、お断り上手のお手本と言えそうです。

2 無理な依頼にはどう答える？

頼みごとは、断られる可能性を常に含んでいます。

断られるシーンに圧倒的に強いのは、外国人のお客様です。断られることを前提で、どんどん無理難題を投げかける精神力を持っているからでしょう。

日系と外資系のエアライン、両方でフライトしていた私ですが、「お客様の要望をきちんと断る力」を身につけたのは、圧倒的に外資系のエアラインでした。

私が外資系のエアラインに入社して最初に先輩に叱られたのは、まさに「断り方」に関してでした。断る回数は、できるだけゼロに近づけなければならないと思っていたからです。

ところが、外国人のお客様にはそのような心づかいは必ずしも喜ばれません。

こんなことがありました。そのお客様はアメリカ出身のエグゼクティブとしてテレビで活躍なさっている方です。

「悪いけど、前の人に靴を履くように言ってもらえないかな?」

流暢な日本語で依頼くださいました。

実は、これはよくあるリクエストです。理由は……臭う足をお持ちの方がいらっしゃるからです。どうお返事するかというと、

「**大変お手数をおかけしますが、それはお客様で個人的にお伝えいただけますとありがたいのですが**」

お客様には平等におくつろぎいただく権利がありますから、CAからはその権利を奪う言葉をかけることはできかねます。

日本人の感覚でこのやりとりを想像すると、CAにしてはクールでドライな対応

に感じられますよね。しかし、外国人のお客様に外資系のエアラインで接する際には、この対応は極めて正しい。お客様どうしのやりとりに介入することは好ましくないからです。

実際、そのお客様からも、「そうだね！　ＯＫ！　じゃあ言ってみるね」といった返答がさらりと返ってきました。

これが日本のエアラインで、日本人のお客様に対してとなると、話は変わります。

そもそもＣＡに対して期待してくださる方がまだ多いこともありますが、一般的に「断るのであれば、何かしらの代案やフォローがほしい」と思う方が日本人には多いようです。

ちなみに私もＪＡＬ在籍中は、「かしこまりました。少々お時間くださいませ」と時間を稼ぎ、靴を履いていただくことは無理でも、なんとか足元にブランケットをおかけして応急処置を施したこと数回です。

断られた際に、さらりと「ＯＫ！」と笑顔で返すことは意外に難しいものです。

まして、相手が目の前にいる場合はなおさらです。

外国人、なかでも西洋人は、自身がNOを言うことに抵抗がないため、相手のNOにも寛容です。常に相手からNOを言われることを前提にしているからです。

■断られることを想定していれば余裕が出る

お客様の依頼をあっさりとお断りしたことがやはり気になり、到着前に声をおかけしました。

「先程はお力になれませんで。ゆっくりお休みいただけましたでしょうか?」

「こちらこそ、変なお願いしちゃったよね。自分で言え! と思ったでしょ。ちょっと日本人ぶりたかったんだよね~」

このようにユーモアでお返しくださったのでした。

相手がYESと言ってくれることを過度に期待しなければ、怒りも出てきませんし、落胆することもありません。

ＹＥＳと言ってもらえれば、ありがたいと感謝の気持ちも芽生えます。

まずは、断られることに強くなる、そして、断りのシーンを常にシミュレーションすることの大切さを、このお客様から教えていただいたのでした。

3 YESの雰囲気でNOを言う

断るといってもいろいろ。

CAを長くしていると、どんどん断ることが苦手になります。

断ることで生まれる、相手への後ろめたさを感じるよりは、とりあえずどんな要望でも受け入れたほうがましになるのです。

しかし、機内という狭い空間ではそれでも通用しますが、地上ではそうはいきません。

断ったのに、受け入れたかのような印象を与える力量が欠かせません。

そんなシーンでお手本になるのが、やはり外国人のお客様です。

著名なエコノミストとして日本でも大活躍をなさっているアメリカ人のお客様が

搭乗されたときのこと。彼と話がしたい日本人新聞記者のお客様がいらっしゃいました。

お二人の会話が私の目の前で始まります。

「ちょっとお邪魔できませんか？　○×新聞の△△と申します」

「取材？　そんなアポは聞いていないけれど」

「いえ、ちょっとお見かけしたのでお話を伺いたくて」

「私の仕事のこと？　まさか趣味の話ってことはないでしょ？」

「ご専門の分野についてです」

「だったら、無理だね。アポなしで意見を述べたりしないことにしているんです。普通はちゃんと事前に依頼するものですよね」

「ですね……。お邪魔しました」

ここまできっぱり断ればさわやかです。「さすがは外国人、すっぱり行くよね

〜。日本人どうしだと、こうはいかない」と思われたでしょう。

たしかにそうかもしれません。しかしこのやりとり、エコノミストさんは終始満面の笑みを浮かべながら断り続けていたのです。

表現を置き換えると、

「取材？　そんなアポは聞いていないけれど」というそっけない答えが、

←

「まさか取材？　それはないよね〜。そんなアポは聞いていないよ（笑）。勘弁してよね」

といった風情のやりとりに、遠巻きの私には伝わってきたのです。

外国人は、NOに対する感覚に幅があります。

NOはYESと同格で、日本人のようにNO＝拒絶という感覚は希薄です。NOとYESは、きつねうどんかたぬきうどんかそれは気分と状況次第……という感覚に近い。

このエコノミストのお客様は大変おだやかな、微笑みを絶やさない方で、終始その表情は変わらなかったのです。

■お断りは笑顔とともに

通常、何かを断るときは、「ほんとに申し訳ない……」という顔をしてしまいがちです。

もちろん、状況によってはそのことで相手に誠意が伝わります。

しかし、エコノミストのお客様のシチュエーションのように、何としてもお断りしたいシーンで、申し訳ない顔をすると、「あとひと押しすればいけるかも?」と、相手に感じさせるきっかけにもなってしまいます。そうすると、こちらとしても、断りの言葉を発し続けなければなりません。

前節でもお話ししましたが、断るシーンで大切なのは「どう見られたいかではなく、何を伝えたいか」。

笑顔で断ることで、「あなたを拒絶しているのではない、この件にNOと言っているだけ」と相手に伝えることができます。そして笑顔を添えることで、相手の気持ちにも配慮を表わせ、はっきりと断りを伝えられます。

笑顔で先生に叱られる、敬語で皮肉を言われる。

こういった相対するものの組み合わせが大きな効果を持つことは、みなさんも体験なさったことがあるのでは?

断るときこそ、スマイルが必要なのです。

4 断るときは相手の気持ちを想像しすぎない

「あのエコノミストの◯◯さんに、断られてしまいました。今度お会いした際はぜひともお話を伺いたいと言っていたと、伝えてくれるかな？」

くだんの新聞記者の方がその後、ビジネスクラスのお席に戻られた後、メッセージを私に託してくださいました。

ご自身でおっしゃるのには気が引けるほど、断り方がうまかったのかもしれません。そのことをお伝えしたところ、エコノミストのお客様はこのようにお話しになったのでした。

「僕の話を聞けなくても、とくに彼は困らないでしょ。たまたま出会っただけで、よく見かける外国人だからついでに聞いてみようと思っただけだろうし。それに、

僕の話ってそんなに値打ちないからね〜」

ここにVIPのお客様のメンタリティが感じられます。

私などは、もしこのVIPの方と同じ立場に立たされたら、

「これを断ったら、あの人は困るだろうし、気を悪くするだろうな〜、心証も悪いし、そうだ、どうして断らないといけないかの理由をまずは説明して……」

などと考え、

「申し訳ないです。ちょっとしなくちゃならない仕事があるんです。機内で仕上げないといけなくて」

などと話し、

「じゃあ、終わられたら時間を少しいただけませんか。着くまで長いですし」

と突っ込まれ、結局断れなかったに違いありません。

・断ることで相手が困るだろうなどと想像しすぎるのは、自意識過剰と紙一重。

・理由をくどくどと説明するのは、結局自分を守るため。相手はどんな理由であ

ろうと断られた事実のみに関心がいく。断る事実のみを淡々と伝えるほうがいい。

ＶＩＰのお客様の言葉は、この2点をおさえた上でのお断りだったのでした。

相手の立場に立つことは大切ではありますが、断る際にしてしまうと、相手に悪印象を与えかねません。断られたことで若干気分が下がっている相手に、①のような接し方をすれば、

「他にも候補はいるしね。そんなに無理して弁解しなくても別にいいんだけど」

と思われそうですし、②で接すれば、

「なんか理由を言っていたけど、結局ＮＯでしょ。別にそっちがどういう理由でも、こっちには関係ないけどさ」

となるわけです。

そこのところを、さらりとクリアするさわやかな断りができるのが、ＶＩＰならではなのでした。

5 「目に見えないメリット」を添えて断る

断る理由をくどくど述べることは得策でないという話をしていました。

ですが、「この人とはこの後も関係が続いていくし、できるだけこちらの事情を知っていただきたい」というシチュエーションもありますよね。

ファーストクラスなどは多くがリピーターで占められており、やはりなるべく感じよくお断りしたいのは、CAもみなさんと同じです。

断る理由を伝える際に、気をつけたい点があります。

①自分本位の言い訳をしない。
②相手のメリットを必ず含めることを忘れない。

断ることをこのようにとらえなおすと、いい形で話をまとめられます。相手の納得度も上げられるかもしれません。

同じ言い訳であっても、相手のメリットを意識した内容に転換していけば、かなり印象は変わってきます。

ファーストクラスのお客様から、「ワイン、ビール、あそうだ、ブランデーもあるよね。全部持ってきて。せっかくだから全部飲みたいから」といったオーダーが続くことがあります。

機内は気圧が低いので、かなりお酒がまわりやすいのはみなさんもご存じのとおりです。機内で飲みすぎて、泥酔され、他のお客様からクレームが上がり始めると、さすがにお酒の提供をお断りしなければなりません。

以前、泥酔されたお客様に接していたときのことです。同じくお客様であった某有名クラブの経営者の方が、

「とにかくいろんな種類のお酒を要望どおりお出しして、どんどん飲んでもらって、早めにお休みしてもらうほうが確実だよ。途中でお酒が飲めなくなった！と

思うと、腹が立って眠れなくなるからね。どんどんお出しして飲ませること！」

というなんとも実践的なアドバイス……をくださったこともありましたが、さすがにお客様をつぶすわけにはいきません。

■相手の顔をつぶさず納得していただくのが肝心

泥酔して大声で歌うお客様と、こんなやりとりをしました。

「お客様、お酒が進まれているようですがソフトドリンクでもお持ちしましょうか」

「いらないよ～♪」

「お体にも悪いですし、よろしければスナックでもお持ちしますね。何か召しあがったほうがよろしいかと思います」

「だからいらないってば。ワイン持ってきて」

ここで、もしこのように言ったらどうでしょうか。

「他のお客様がお休みの際、声が気になられるようですので、ご遠慮いただけますか」

この返答は泥酔したお客様には言い訳にしか聞こえないでしょう。他のお客様と、接している私にメリットのある話だからです。

「他のお客のことなんて知らない！　私は飲みたいだけ。そのために高いチケットを買ったのに！」

と、お客様を刺激してしまいます。

ですから、こんなときにおかけする言葉には一工夫が必要です。

ツボは、お客様が得られるメリットを言葉に含めること。

ＶＩＰのお客様は、周りから崇められている方も多く、言い訳は通用しません。

ほんの少しでいいので、お客様のメリット（お客様をたてる気持ち）を具体的な言葉に変えてお伝えすれば、丸く収まります。

この際にとても重宝するのが、「情報」です。

お客様にご納得いただく際にどうしても必要なのが、ご当人のプライドを守りくすぐっていくことです。お詫びする際に贈り物など目に見えるモノを活用する方法もありますが、VIPのお客様には通用しづらい。いえ、人はみんなやはり「モノ」で方をつけられたと思うと不快ですよね。

相手のプライドのような「目に見えないもの」を尊重するためには、やはり「目に見えないもの」で勝負する必要があります。

「機内でのお酒もおつまみも、お客様のお口に合うものの数がかなり少なくなってまいりました。**よろしければ、到着地でおいしいお酒を楽しめ、お客様の雰囲気にぴったりのお店を内緒でリストアップいたしましょうか？** ご到着後すぐにでも、行っていただけるところもまとめさせていただきます」

といったように、ひと手間かけた情報を説得の会話に盛り込んでいきます。

このひと手間が、お客様の心の軟化度合いを決定しています。

断る際の理由づけに、相手のメリットを含めているか確認してみるといいかもしれません。そしてそのメリットには、心のこもった手間や、情報などの知識も含めると効果的なのです。

こういった工夫は、お客様が常に人の上に立つ方であるからこそ生まれてきたものであり、やはり大きな教えとなっているのです。

column 7

パイロットはほんとうにモテる？

パイロットといえば、航空業界の中でも花形のお仕事ナンバーワン。かっこいい制服も手伝って、かなりのモテぶりを発揮するんだろうなと想像されるかもしれません。

実際のところは、当たっているような、そうでないような、微妙なモテ具合と言えそうです。

ＣＡもそうですが、かなりの制服マジックで得をしているのが、航空業界人の特徴。

実際の3割、いえ、5割増しで素敵に見えるのです。

フライト時間が長い国際線の機内では、休憩時間にジャケットを脱いでシャツ姿で、機内をぶらぶらと休憩をかねて歩きまわり、ＣＡと歓談するパイロットも少なくありません。

「すいません、お茶！」

「ちょっと、上の荷物とってもらえません？」

と、男性CAと見間違えたお客様が、大ベテランのキャプテンに用事を頼むシーンもよく見かけるほど、私服だとオーラや威厳がなかったりするのは、CAもまったく同じです。

そのせいか、社内というよりは、社外でモテるというのがパイロットのおいしい部分かもしれません。

女性が中心のCAの世界はインターネットよりも早く情報がまわるので、いざ恋愛ということになっても、慎重かつ冷静に踏み込む必要もあり……（笑）。

そんな状況でも、つわものキャプテンもやはりいらっしゃいます。会社の枠を超え、JAL・ANA双方で、CAの恋話に頻繁に名前の挙がるお盛んな方も。

そうです、CAの恋話は会社を超え、国境も越え、外資系日系エアライン問わず共通で知られていることも多いのです。

そうはいっても、どの世界も浮名を流す人の数はそう多くはありません。

パイロットの採用試験の厳しさと難度は相当なもの。

身体的にも完璧な状態を日々維持しなければなりませんし、精神的にも落ち着いたおだやかな資質を持ち合わせることも求められます。

実際にお話しすると、職人気質で物知り、真面目でこつこつと子どものころから勉強なさってきたのだなと感じさせる地道な方が大半です。

パイロットデビューを果たして、女性とうぷぷ……という方はそんなに多くないと言えそうですね。

1 期待どおりの行動をしてもらえる効果的な叱り方

CAは、叱られることが仕事のひとつと言えるかもしれません。

ありがたいことに、航空会社のサービスに対してまだ期待してくださるお客様も多く、それを裏切ってしまったときのお叱りは相当なものです。

毎回のフライトで叱りを受け続けてきた結果、どのように叱られると人間が反省し、行動を改めようと思うのか、おぼろげながらわかるようになりました。叱り方にも色々あり、「うまい叱り方」というものが存在するのだと知ったのです。

実のある「叱り」は、「怒り」とは異なり、相手に期待どおりの行動をしてもらえる効果があります。

「ちょっと、あなた今日こちらの担当よね？」

「はい、さようでございます。何かございましたでしょうか？」

おしゃれと気品に満ちあふれ、世界のファッションを日本に届けた先駆者として著名な女性ＶＩＰのお客様に、機内で声をかけていただきました。

「今日のシャンパン、とってもぬるく感じるけれど、どうなっているのかしら？」①

かなりご立腹の様子です。いつもの柔和なお顔はまったく見受けられません。

「申し訳ございません。すぐにお取り換えいたします」

シャンパンといえば、やはり冷えたものがおいしいですから、これはシャンパンを準備したＣＡの確認ミスです。お詫びして、冷えたシャンパンを再度お持ちしました。

「大変お待たせいたしました。冷たいものをご用意いたしました。大変失礼いたしました」

そう声をおかけした際、ＶＩＰらしい素敵なお答えが返ってきて驚きました。

「私、お酒には詳しくないからこんなものかな？　と思ったのだけれど（②）。プロじゃないのに、プロであるあなた方に指摘するのは気が引けたけれど（③）、楽しみにしていたからね。よろしく頼みますね」

今度はいつもの素敵な笑顔が輝いています。

怒られた後に、やさしくされる。まさにＶＩＰ式の叱り方の極意がここにあります。

機内ではお客様に怒鳴られることも多いのですが、ただ怒鳴られるよりも、このお客様のようなお叱りはずっと反省につながります。

このＶＩＰのお客様の叱り方は、次のような仕組みです。

①ガッツリ、しっかりと怒る。受け手にショックを与える
②すぐにクールダウンし、怒りの理由を端的に説明する
③相手のプライドをくすぐり、事の重大さに気づかせる

①だけで終わってしまったり、②が長々と続くことも多いですよね。
VIPのお客様は、①と②、心と頭のコンビネーションで叱ります。
②には怒りという言葉を使いましたが、まさに心がもたらすのが怒りですよね。これだけでは、相手は委縮し、また反感をもたれるだけかもしれません。実際に私も、
「なにこの機内食、ファーストなのにまずい!!」

とご指摘を受けたときは、謝罪しつつも、実は、

「あら~ずいぶんご馳走ばかりの毎日でらっしゃるのでしょうね~。うらやましいですこと」などと心で叫んでいました。

怒ると、相手の「心」(感情)は刺激できますが、問題解決に必要な「頭」への働きかけはできません。

叱る側の立場で考えると、今後、相手に期待どおりの動きをしてもらうことが目的ですから、怒るだけで終わらせるのは得策ではありません。怒りの根っこと理由

をしっかりと端的に説明することが大切です。

そして締めくくりは③。相手が期待どおりの動きに至るような動機づけも必要です。

このＶＩＰのお客様は、「プロだから……」とこちらのプライドをくすぐりながら、「プロでこの仕事はないでしょう？　しっかりしてよね」と指導くださっていたのです。

「叱る」と一言で言いますが、叱りとはまさに①〜③をトータルで完成させることなのだと、ＶＩＰ式叱りを受けて感じたのでした。

2 「誰」が「どのように」困っているかをストーリーにして叱る

プライドをくすぐることとは、相手を前向きな気持ちにさせる上で欠かせません。と同時に、お互いに余計なエネルギーを消耗する「怒り」「叱り」の原因を、やはり相手にも知ってもらいたいですよね。なかには、なぜ叱られているのか気づかぬまま、とりあえず謝罪のお手軽な言葉「すみません」を連呼している方もいらっしゃいますし。

相手を尊重した上で、きっちりと現実を突き付けることも大切なのです。その際に効果的なのが、**相手のミスで「誰」が「どのように」困っているかストーリー化すること。**

接する上でとても難しいお客様がいらっしゃいます。

それは、お子様です。といっても、とくに難しいのは、「ファーストクラスやビジネスクラスに乗りなれている子どものお客様」。大人もある意味、大きな子どもと言えなくもないですから、こういったお客様と接すると、とても勉強になります。

お子様「ちょっと、日本語の映画もっとないの？」
私「今日はこちらでお知らせのものだけでして……。申し訳ございません」
お子様「だから外国のエアは困るよね。プログラム少なすぎるよ」
私「雑誌でもお持ちいたしましょうか？」
お子様「雑誌はいいから、朝日新聞持ってきて。朝刊で」

ビジネスマンのちょっとやりにくいお客様といった感じですが、これ、中学生のお客様と私の会話です。小さいころから飛行機に乗りなれてらして、お身内の住む日本に先に帰国……といった際によくおひとりで乗ってこられるわけです。

おおむねビジネスマン的、慣れ親しんだ「いちゃもん」のつけ方なので、特段動じることはないのですが、問題はこのお子様がお降りになって、機内での出来事をどんなふうに上顧客であるお客様（ご両親）にお伝えになるかにあります。

ある便が、天候不順で遅延することになりました。機内で待機となったのですが、

「ちょっとどういうこと？　僕は成田に着いたら、そのあと塾の講習があるの。間に合わないかもしれないじゃないか！」

「映画もいいものが入ってないし、何して待てばいいわけ？」

「ほんと、うっぜ〜！」

などなど、若いだけにヒートアップしていきます。見かねたお隣の紳士のお客様が注意をしてくださったのですが、逆効果。

「ちょっと、このおやじどうにかしてよ」

と言い出す始末です。ここは、中学生山田君を叱るしかありません。

①まずは、あなたの言動で誰が困っているのか？　をクリアにする
②その困り度合いはどのくらいなのか説明する
③「あなたとしたことが……」で締める

この場合でしたら、

①このクラスは将来の山田君のように成功なさっている方ばかりのお席だからね。みなさんこの後、予定がびっしりなんですよ。少しゆっくりされたいみたいだけど、山田君の声で眠れないっておっしゃっているのよね。

②あちらのお客様なんて、お母様が入院なさっていて1時間しかお見舞いの時間がないらしいですよ、最後になるかもしれないそうですよ。ほんとに大変よね。

③お天気にイライラするなんて、大物になる山田君にはふさわしくないと思いますよ。みんなのために黙ってあげてね。

やみくもに「お静かにお願いできませんか？」と言いたいところなのですが、それでは山田君は納得しません。そんなことで納得なさる方は、そもそも怒鳴ることはなさらないですしね。

ずいぶん子どもじみた話に聞こえるかもしれませんが、山田君は大人の世界にいっぱい。私もあなたも、気づけば老けた山田君になっているかもしれないのです。

叱る際に、まずは誰がどのように困っているのかをストーリーにして説得する。

VIPの卵、山田君が多くの大人の山田君に教えをくれていたのでした。

3 キャラとスキルのダブル叱りはしない

怒りがおさまらないときに、冷静に判断することは難しいかもしれませんが、まずは、その人物の「キャラクター」に怒りをぶつけるか、「スキル」にぶつけるか二者択一をするのがＶＩＰ式です。

いかなるシーンでも、相手の心に温かみを残すことを忘れないのが、ＶＩＰのみなさんの特徴です。心にポッとした温かみを残すことが、より多くの方から支持されるツボだからです。

①「君はこのワインの味も知らないのに、そんなふうに色々なお客様に説明しているの？　まずは、どんなに苦手でも自分で味わってみて、それから自分の言葉で説明するのがプロでしょ？」

②「君はこのワインの味も知らないのに、そんなふうに色々なお客様に説明しているの？　他のシーンでもそんなふうにごまかして凌《しの》いでいるのかな？　正直に毎日を過ごさなきゃだめだよ」

私はアルコールアレルギーで、まったくお酒が飲めません。もちろんCAのお仕事にはアルコールはつきもの。様々なお酒の知識は勉強しています。ただし、味は完全な耳学問。

VIPのお客様はお仕事に厳しい方ばかり。プロ意識をもたれる方からすれば、先程のような苦言をいただくのは当然です。実際、①のようなご意見をいただいたこともあるのですが、プロ意識を前提とした言葉に納得してしまいました。

ご紹介した2つの苦言のうち、やはり怒られた側として打撃が大きいのは②ですよね。なぜ②のほうが打撃が大きいのか。それは、キャラクターとスキルをダブル叱りしているから。

しかし、怒る際に相手に打撃を与えることは得策ではなさそうです。叱り手は相手の支持を失うきっかけになりますし、叱られ手も落ち込んで、次の行動へのモチベーションが下がってしまいがちです。実のある叱りには至りそうにありません。**叱られている側は案外、叱っている側よりも冷静なことが多いので（とくに叱られた原因がわかっている場合）、相手の叱り方からその人物の本当の姿を感じ取ります。**

VIPのお客様に圧倒的に多い叱りは①です。

それは、VIPのお客様が「多くの人に支持される方々」であることと関係が深い。叱りを、「指摘」ととらえるか「裁き」ととらえるかの差とも言えるでしょう。スキルとキャラクター、今回はどちらを叱っていくのか？　そこを自然におさえているのが、VIP式叱りの極意なのです。

とはいえ、わかっていても②のように爆発してしまうのが人間というもの。VIPのお客様も例外ではありません。しかし、②を①と同じかそれ以上に変える一言を付け足せるのも、ＶＩＰのなせるワザ。

「もったいないよ」

大きく叱った後に、ぽつりと小声でつぶやけばＶＩＰ式叱りに近づけます。

叱りのシーンは、本音が出すぎてしまうときだけに、注意が欠かせないのです。

4 「間違っていたらごめんね」とあくまで指摘の姿勢をくずさない

ファーストクラスやビジネスクラスのお客様は、ご自身の専門分野で自信を持ってご活躍中の方が大半です。

人はひとつ自信の持てる分野ができると、他の分野でも堂々としていられるようですし、知らない分野があっても恥じることなく尋ねることができるのだと、VIPのお客様を見ていて感じました。

あるとき、フランス料理界で有名なシェフのお客様がご搭乗になりました。その世界の巨匠の方にお食事をお出しするわけですから、ほんとうに緊張します。

ファーストクラスでは、メインであるステーキと様々な付け合わせが別々に機内に搭載されます。それを盛り付け例にそってアレンジし、お出しする流れになっています。

ある便で付け合わせのアーティーチョークをうっかり忘れ、他の野菜だけでお出ししてしまったことがありました。アーティーチョークは、イタリアンなどでは有名な食材ですが、機内食に扱われることは少ないお野菜です。珍しい食材だったため、うっかり忘れてしまったのです。

「あの～。間違っていたらごめんね。僕は機内食には詳しくないから。付け合わせ、もうひとつあるのかなと思ってね。メニューにはあったけどね、アーティーチョーク」

「あ！　誠に申し訳ございません。すぐにお取り換えいたします」

「いやいや、食材ってなくなったりするから、飛行機だし、切れたのかなと思ってね。珍しいものを使われるのだなと思っていたから。差し出がましく言っちゃいました」

メニューどおりにお出しするのは大原則であり、こういったことはあってはならないということは、お客様が一番ご存じだったと思うのですが、なんともスマートなご指摘です。

別のお客様には、

「君、ポテトの数が足りないよ。ふざけないでね。失礼極まりないよ」

という直球の指摘（笑）をされたこともありますが、このシェフのお客様の指摘方法はまさにＶＩＰ式。

自分が正しいとは限らないという前提で相手に質問を投げかけることで、指摘につなげています。

■自分が正しいという前提を捨てる

指摘や叱りは常に自分が正しいという前提で行われるのが通常です。もちろんシーンによってはそれが効果的な場合も多いのですが、このお客様はきっと、「なんか差し出がましいなあ、実は間違っていたりして……」と控えめな姿勢を常にもたれているからこそ、冒頭で「間違っていたらごめんね」という一言が出てきたのでしょう。

質問で始めて、相手の気づきを促す。この方法に注目してください。**日ごろどのような姿勢で日々を過ごしているか、人の接し方の根底が、叱りには露呈《ろてい》してしまいます。**

叱りのレベル＝成功のレベルと言えるのだと、このお客様との出会いを通じて感じたのでした。

余談ですが、ワインやお食事のメニューなどに詳しいお客様は多いのですが、プロの方や、その分野の著名な方が内容にケチをつけられるのを私は見たことがありません。機内食ですから、様々な制限もあり、地上のように完璧なものはなかなか提供しきれないことも多いのに。

おそらく作り手としての痛みや苦労を、誰よりもご存じだからでしょう。あるいは、物事を知れば知るほど、謙虚になっていくものだからでしょうか。

column 8

ブラジルのCA養成訓練はジャングルの中で!?

世界にはたくさんの航空会社がありますが、機内サービスなどはそれぞれに異なるようで、結局は似ています。飛行機には、あらゆる国籍や背景のお客様が搭乗なさるので、規格が統一されていたほうが、総じて満足度も上がりやすいからです。たとえば機内食も、自国の料理にこだわる航空会社はむしろ少なめで、自国の料理を、万人受けするメインディッシュに少しプラスするという会社がほとんどです。

航空会社によって最も違いが出るのが、CA養成訓練。試験に合格してからの2~3ヶ月間、実技と座学をみっちりたたきこまれます。

なかでも、事故を想定した救難訓練には差が出やすいです。海に囲まれる日本の航空会社では、「水上に不時着した際」を想定した訓練に多くの時間を割きます。

事故のほとんどが離着陸時に発生しますので、離着陸時に飛行機がどんな環境にあるかが、救難訓練の中身に影響するのです。

大変個性的な救難訓練をしているのが、ヴァリグブラジル航空。

ブラジルも海が遠いわけではありませんが、何といってもジャングルがたくさんあるため、「ジャングルサバイバルトレーニング」をCAも受講します。実際に受講した日本人CAさんに、インタビューしてみました。

「ヴァリグブラジル航空では、ジャングルに墜落しても、なんとかお客様と生き残る訓練をします」

——日本の会社では、飛行機備え付けの非常食をボートで食べるとか、釣りをして凌ぐといったことは習ったけど、どういうふうに？

「ジャングルには山の恵みがたくさんあります。HBMの法則にのっとって、ジャングルの恵みを食べながら生き長らえます」

——HBM？

「H＝hairy（毛のある）、B＝bitter（苦い）、M＝milky（ミルク状）、この3つに当てはまる果実は食べたら死ぬよ！　というジャングルの掟です」

――キウイのようなものは危険ってこと？「そうです。他にも、訓練所の裏手がジャングルになっているので、鶏（地鶏ですね）を生け捕りする方法も習いました」

――へ～!!　すごい！

「まだありますよ。もしジャングルに不時着して、お客様と自分が生き残ったら、ここに私たちがいます！　と、自分たちの存在を空に向けて伝えて助けを求めなければなりませんよね」

――それも発煙筒を活用するって習ったよ。

「ジャングルでは何もアイテムがないことを想定しています。たとえば、どんな葉っぱを燃やすと、もくもくと煙が出やすく、天高く自分たちの存在をアピールできるかも学びました。枯れ葉はアウトです。燃やすといい煙を出すのは若葉ですね」

脱帽です。ブラジルでは、ＣＡは乗務に必要な資格も多岐にわたっており、ここまで勉強が必要だそうです。

VIP式 お詫び

1 謝罪とお礼を時間差で届ける

どんなに話すのが苦手でも、人の目が気になっても、何としても言葉を尽くさなければならないシーンがあります。

それは、「お詫び」が必要なとき。

お詫びは、その「思い」と「尽くした言葉の総量」が相手に誠意として伝わっていきます。

できるだけ多くの言葉を尽くしたいものですが、「申し訳ございません」を繰り返すことに終始している場合も多いですよね。

「『申し訳ございません』という一言は、怒りをおぼえている相手には枕詞程度(特段意味はない)にしか聞こえていないのだ」と踏まえておくことは大切です。

そう考えれば、ではその後どのようにフォローしていけばいいのかを考えるきっかけが生まれてきます。

まずは一段階目として、「申し訳ございませんと伝える側」と「受け取る側」では、その重さ自体が異なっていると知っておきたいものです。

では、どんな言葉をプラスしていけばいいのでしょうか?

■会社に届いた一通の手紙

「申し訳ございません」にトッピングすると効果的な言葉のひとつが、「お礼」です。

VIPはお詫び言葉に、お礼を付け足すことを忘れません。

そして、そのお礼は「時間差」で届けられることが多い。

以前、服飾評論家として著名なお客様が、お連れ様とご歓談中に、ワインをあやまってこぼされたことがありました。

タイミングが悪いことに、サービス中だった私の顔やブラウスに赤ワインが飛び散ってしまいました。

もちろん着替えなども用意していますし、どうってことはないのですが、お客様はしきりに「申し訳ない」と何度も声をかけてくださいました。

何日か経って、そんなことはすっかり忘れていたころ、一通のお便りが会社に届きました。


お客様からのお手紙は、意外によく届きます。

機内で一緒に撮影した写真や、お礼など、うれしくなるものばかりです。

クレームなどは大抵個人には届かず、会社にメールで届いたりします。たったひとつでもお客様からクレームが届くと、日本の航空会社などはしっかりとクレームを管理していますから、CAは呼び出されて事情聴取、というくらい厳しいのです！


さて、先ほどのお手紙は、服飾評論家の方からのお詫びのお手紙でした。

そこには、恐縮するほど丁寧なお詫びの言葉と、「お礼の言葉」がしたためられていました。

ワインをこぼされたことをきっかけとして、食事の際の姿勢を改めて見直し、ワインのいただき方を学びなおしたことなど、その後のお客様の様子がつづられていました。

「あなたには申し訳なかったけれど、とても大きな気づきを得たきっかけになったことを感謝しています」と最後はくくられていました。

お詫びの言葉だけでも十二分でしたが、このような時間差でのお礼を重ねてお送りくださったことが本当に驚きでした。

お詫びの言葉に、時間差のお礼を加えるエネルギーをお持ちであるお客様。

だからこそ、多くの方に支持される存在になってらっしゃるのでしょう。

お詫びは、「言葉の総量」と「かけた時間」のトータルで完結する。それがVIP式なのかもしれません。

2 体の向きで相手の許し度は決まる

相手に対してちょっと気が引けていたり、話しづらいことがあったりすると、無意識に人の体はねじれます。おへそが相手のほうを向かない姿勢をとってしまうのです。

柔道のオリンピック金メダリストのお客様の足、それも裸足に、緑茶のしずくをぽとりと落としてしまったことがありました。

寛大なお客様のおかげで大事には至りませんでしたが、それこそ黄金の足、世界の財産ですから、何度お詫びをしてもなかなか気持ちが落ち着きませんでした。

CAは**「必ずお客様には正対するべし」**と学びます。

正対とは文字どおり、まっすぐ相手に向き合うという意味合いですが、なかなか実践が難しいからこそ、様々なマナー本でも取り上げられるのでしょう。
私は謝罪にうかがっているので、もちろんお客様をまっすぐ見つめていたつもりだったのですが……。

「ねえスチュワーデスさん。もう大丈夫だから安心させて。僕のほうが心配になってきたな」

「?」

「さっきから、顔と目だけはこっちを向いているけれど、すごく逃げ腰になっているよ。僕はそんなにうるさ型のお客じゃないから安心してよ〜」

「大変失礼いたしました」

逃げ腰という言葉通り、腰が引けて、顔だけで謝っている状態になっていたのです。

自らのことはなかなかわからないものですから、その後仲間が叱られているところをこっそり観察すると、たしかに叱られ方がひどいときほど、体が大きくねじれ、真正面を向いていないようでした。謝罪の記者会見などをテレビで見ると、立った状態でも同じようなことが見受けられます。

そのお客様は武道家なので、なおさら姿勢に敏感でらっしゃったのだと思いますが、頭を下げたり、アイコンタクトを気にしたり、お詫びの言葉を探す前に、まずはおへそをきちんと相手に向ける、相手にお腹を見せきることがすべてのあいさつの原点にあると学んだのでした。

心と体は連動しています。

まずは無理にでも相手におへそを向け続けることで、相手を直視することができ、言葉は拙《つたな》くとも気持ちが通じるのだと感じました。

お詫びは、おへそを意識することから始まります。

3 理不尽なクレームは人前で解決すれば早い

クレームにも理不尽なものと、ごもっともなものと双方が存在するのはみなさんご存じのことと思います。

不思議なことですが、理不尽なクレームに粘り強く対応していると周りの方が助っ人になってくださることは多い。

理不尽なクレームほど、人前で対処するのがポイントです。

周りの視線や、援護が大きな力になるからです。

ビジネスクラスは、ファーストクラスに乗りなれた方がご利用になると、やはり満足度は大きく変わってしまいます。

サービス全般が気に入らないというクレームをおっしゃるお客様の対応をしてい

る際に、同じくビジネスクラスにお座りだった、大手食品会社の社長であるお客様が助っ人になってくださいました。

こちらのお客様は常連で、日ごろからなにかと機内でお話しすることも多かったのです。

CAは、機内でお客様と楽しくお話しさせていただくことも大きな仕事です。楽しいということもありますが、自分の担当列のお客様と良好な関係を築いておけば、いざというときに、お客様が助けてくださることが多いから……と私はいつも考えていました。

機内は小さな社会。地上でも同じことが言えるのでしょう。

そのお客様はこう、クレーマーのお客様におっしゃったのでした。

「じゃあ、腹の立たれていることを1個1個挙げて話してみられては?」

そうすると、「値段が高い」「1人で2人分の料金がかかっている」「食事が値段に見合っていない」など、機内サービス全般への提言ともとれるご意見がぞくぞくと出てきました。

すべてメモをとっていく私の姿を見て、「君が悪いってわけじゃないんだ。ちゃんと上の人に言っておいてよ」と一言。

ちっとも問題は解決していないのですが、1時間ほどご意見をうかがっていたことで、お客様は納得なさったようでした。

また、周りのみなさんのちょっと冷たい視線が気になられたようでもありました。

私は、とりあえず早く場を収めたかったのですが、どうやらそれが相手に伝わり怒りを倍増させていたようです。

クレームを解決する際は、どうしても一人で解決したい、そしてできれば内密にしたいと考えがちです。しかし、他者が周りにいるときは上手に巻き込みながら、当事者が納得できる道筋をつけることが、問題解決に最も近い結果につながると言えそうです。

column 9

小さな子どもと一緒に乗るときのアドバイス

国際線に搭乗なさる小さなお子様は、最近とても増えています。

国内線は昨今、サービス自体がなくなっている傾向にありますが、国際線はまだどのエアラインも幅広いサービスが健在です。

お子様向けのお食事は各社必ず準備していますので、予約さえ忘れなければ、お子様の大好きなハンバーグやお菓子などが取り入れられた楽しいメニューを準備してもらえます。

機内食関連も含め、飛行機は一度飛び立ってしまうと補充がきかないので、すべて事前予約が必要なのが少し面倒ですが、ぜひお試しください。

■どうぞ水筒をお持ちください

お子様はよく飲み物を召し上がりますが、エコノミークラスのカップなどは、ふたやストローをお付けしても飲みづらいこともよくあるようです。タンブラーや水筒などをお持ちいただければ、ドリンクをよりお楽しみいただけると思います。

気圧の低い中、耳の痛みなど具合の悪くなるお子様も少なくありません。

飛行機が飛び立つ際は、動き出した時点から、キャンディやガム、おやつなどを口に入れておかれると、耳の詰まりや痛みも軽減されます。

着陸時も、耳管のせまいお子様には大きな負担がかかりますので、あらかじめ、高度が下がり始める時間帯をCAにお問い合わせいただき、離陸時と同じような対処を早めに取られるとなおいいでしょう。

具合が悪くなると必要になるのが、お薬。

日本発着便は、日本製のお薬が準備してある航空会社も多いですが、外資系航空会社は自国のお薬のみを搭載している場合も多いですので、注意が必要です。かなり錠剤が大きかったり、体に合わなかったりなどのトラブルも起きかねないので、外資系航空会社でご旅行の際は、常備薬を準備しておきたいものです。

■ミルクの調合も承っております

また乳幼児のお客様にも、離乳食などのご用意も万全です。

機内のお湯でミルクなどの調合もＣＡは承っていますので、ぜひ気軽に声をおかけになるといいでしょう。

お子様ケアはどのエアラインも要と位置付けています。

外資系エアラインの中には、ＣＡが機内でお子様とクッキーを焼いたり、バルーンアートを披露するなど様々なサービスを行っている会社もあります。

お子様のサービスを基準に、エアライン選びをなさると、サービスレベルの高い会社との出会いが実現できるかもしれません。

第5章

VIPに学んだ、言葉の習慣エッセンス

1 印象に残る映画スターのお辞儀

VIPのお客様は礼儀正しい方が大半ですが、その礼儀は一般的に知られているようなマナーとはちょっと異なります。

相手に自分をさらけ出す、とでも言いましょうか。犬は飼い主など心を許した人物におなかを見せることで有名ですが、それに似ています。

みなさんは、「君、お辞儀の角度ちょっと浅すぎない？」というクレームを受けたことありますか？

お辞儀には、会釈、敬礼、最敬礼と、角度に応じてルールがあるのはご存じだと思いますが、45度の角度でお辞儀を！と言われても、分度器をもってきて測るわけにもいきませんし、気持ちを角度で表すというのもなんだかな、という感じがします。

私は13年間、マナーが最重視される航空業界で仕事をしてきましたが、知る範囲で、お辞儀の角度に関するクレームがお客様から発生しているのを見たことがありません。

お辞儀はある意味、自己満足のためのツールとも言えます。きちんとした印象を相手に与えたい、そのためには45度で腰を折っておくのが正解、といったように。

たしかに、人は正解を常に欲するものです。

なかでも、人との関わりをよくしていくことが重要であるビジネスシーンでは、「これをおさえれば完璧」というマニュアル（正解）があれば、安心です。

お辞儀は45度！ と正解があったほうがいいのでしょう。そうすれば、「自分はきちんと礼をつくしたのだ」と納得できます。

しかし、VIPのお客様はやはり一味違う。

そもそも「正解のない世界」で自分なりの正解を求め続けて生きてらっしゃる方

ばかりですので、当たり前かもしれませんが、いわゆるマニュアルなどにとらわれない方が目立ちます。

■「正解のマナー」では存在感を残せない

邦画界では誰もが知る、シリーズ映画の主役を演じられた俳優のお客様がご搭乗になったことがありました。機内で少し体調をくずされ、そのお世話をさせていただいたからか、お降りになる際にこうおっしゃいました。

「お姉ちゃん！　サービスよかったよ。ありがとね。あばよ〜！」

軽く片手をあげて、笑顔でさわやかに去っていかれたので、うれしくお送りしました。

少しして、振り返ってこうおっしゃったのです。

「ああ、スチュワーデスさんにはこんなあいさつは通用しないよね。ありがとう……」

そして、お辞儀をくださったのでした。

マナーにそって考えれば、きっと不正解となるあいさつなはずですが、なんとも丁寧で粋な去り際が今でも心に残っています。

お辞儀になんてたよらない。

存在感は、決して正解にそったアクションでは残せないのだと感じたのでした。

マナーを超えたところに、相手の心を打つものがあると言えるのかもしれません。

2 「こんにちは」のアフターにこそエネルギーを注ぐ

マナーの向こうにあるＶＩＰ式あいさつ。

言葉によるあいさつも、一味違います。

一般的に、あいさつは自分から「こんにちは」とさわやかに、そしてどんなときも「ありがとう」の言葉を忘れない、といったマナーはよく知られていますね。これはもちろん効果的ですし、簡単なようで実践は難しかったりします。


しかし、ＶＩＰのお客様のあいさつの言葉は、枕詞にすぎません。

和歌では「母」がテーマの句であれば「たらちねの」といった枕詞をつけることはご存じかと思いますが、「たらちねの」という言葉自体に大きな意味はない。

ＶＩＰの「ありがとう」も、感謝の言葉が始まるよ！ という目印にすぎないのです。

私たちは「ありがとう」「はじめまして」といったあいさつの言葉を発すること自体に意識を配るものですが「ありがとう」「はじめまして」のアフターにこそエネルギーを注いでいるのがＶＩＰ式なのです。

ふだん私たちが口にしている言葉をよく見てみると、

「ありがとう、おかげ様で助かりました！（私が）」

「こんにちは、今日は暑いわね（私が）」

このように、自分が主語になっていることも多いものです。

しかし、ＶＩＰのお客様はちがいます。「ありがとう」や「こんにちは」の後に、必ず相手を主語にしたストーリーが広がっていきます。

「ありがとう、これってどうやって（あなたが）準備してくれたの？」

「こんにちは、今日は忙しい1日だと聞いたけど（あなたの）進み具合は？」

あいさつの言葉の後にこそエネルギーを注ぐのがＶＩＰ式。

ＶＩＰ式あいさつとは、相手を主語にした語りかけをつなげる工夫をしていくこと。

そしてＶＩＰのお客様は、このアフターあいさつのバリエーションの幅が広いのです。

VIP式 あいさつ

3

「最近どう?」は相手との距離を測るのに使う

「最近いかがですか?」「最近どう?」

ファーストクラスでよく耳にした、思い出深い言葉です。

多くのマナー本などでは、「最近どう?」という声掛けは好ましいとされていません。

実際、こう聞かれて「どうっていわれても、まあ、とくになにもないけど……」と、答えに窮した方も多いでしょう。私も、機内で困った経験が何度もあります。

しかし、VIPのお客様はこの言葉を、相手の思いを感じ取るツールとして活用なさっています。

「最近どう?」という言葉が好ましいとされないのは、相手が答えにくい語りかけだからでしょう。

ＶＩＰのお客様は、そこを逆手に取ります。言葉につまった相手の様子を察知し、どこまで聞いていいのか、相手がどこまで話したがっているのか、またそうでないのかを見抜き、相手との距離感を測ります。

そして間髪入れず、相手の気持ちにそった言葉を投げかけてグッと相手にせまるのです。

■スキャンダル渦中の芸能人のお客様

ある有名な若手演歌歌手の方と、ベテラン名俳優のお客様が、たまたまファーストクラスで同乗なさっていました。

その当時、歌手のお客様はプライベートに関して、マスコミにいろいろな報道をされていました。機内でも、そのお客様の記事が掲載された雑誌などをお出ししないように工夫していたほど。

そんななか、俳優のお客様が歌手のお客様に、いきなり話しかけました。

お二人は旧知の間柄でらっしゃるようでしたが、久々に機内で再会なさったとのことでした。

「最近どう？」

え〜！　聞いちゃうんだ！　と凡人の私は驚いたと同時に、「ほんと、最近どうなのかしら？」と思わず心だけ乗り出していましたけど。

「う〜ん、まあいろいろあるよ」と、少し浮かない顔の歌手のお客様。

「そうだよな。いろいろあるよな。俺もいろいろあったな〜。そうそう、いろいろと言えばさ、最近のあの曲ってかなり若い子にも受けているらしいじゃない」

という感じで、話が続いたのです。

「俺もいろいろあったな〜」というポツリとこぼれおちた一言で、歌手のお客様の顔がぱっと明るくなっていきました。

「最近どう？」で会話をはじめることで、話したい範囲を決めるチャンスと時間を相手に与え、その一線を越えないようなやりとりをつづけていく。

「最近どう？」は、相手のハートを尊重する語りかけでもあるわけです。

何をテーマに話したらいいかわからないときに使ってみると、相手の心の声に近づけるかもしれません。

ここにも、超マナーが存在していました。

4 大きな声のあいさつは思わぬお釣りを連れてくる

あいさつは、誰のためにするのか？

もちろん、目の前の人物に対してです。さわやかなあいさつを受けた相手は、うれしくなってあいさつを返していきますよね。これでいい関係も築けますし、言うことなしです。

しかし、あいさつの効用はそれだけではありません。

あいさつは、それを聞いている第三者に大きな影響を及ぼします。

ファーストクラスやビジネスクラスのお客様は大抵、声の大きい闊達な方が目立ちますが、アスリートの方は格別です。いつも、

「こんにちは。よろしくお願いします！」

「ビーフでお願いします。ありがとうございます！」

こういった礼儀正しいあいさつを大きな声で頂戴していました。

私たちは仕事でサービスさせていただいていますので、お礼やあいさつはもちろん期待していません。それでもやはり、ＣＡも人の子。こんなふうにあいさつを頂戴すればうれしいに決まっていますし、張り切ってサービスさせていただこうという気にもなります。

それを近くで耳になさった大手銀行の会長であるお客様がおっしゃいました。

「やっぱり、あいさつから違うな、勝負強い人は。若いのにすばらしいね。彼とはぜひ話してみたいな」

そのあと実際にお二人は、仲良く楽しそうにお話しになる流れとなり、アスリートのお客様はいたく感激なさっていました。

お二人とも、場は異なるとはいえ勝負の世界に生きてらっしゃるせいか、最後はお隣どうしでお座りになり、話しこんでいらしたようでした。

あいさつは目の前の人をハッピーにするだけととらえるのは、もったいない。

実は周りで、そのあいさつを聞いている人にも届いており、思わぬチャンスをもたらすかもしれないのです。

目の前にいる人だけでなく、向こう三軒両隣に届ける気持ちであいさつしていくことで、思わぬお釣りがやってくることもあるわけです。

column 10

機内食はどうして温かい？

あつあつのお食事が空の上で楽しめる飛行機。機内食は長いフライトでの楽しみのひとつでもあります。

1台に24人分が入るようになっている。

基本となるエコノミークラスのお食事の構成は、どのエアラインもほぼ変わりません。

パン、メイン、サラダ、オードブル、チーズ、クラッカー、デザート、日系エアラインでは小さなおそばがつくこともあります。

よく見ると、メインとパン以外は冷蔵庫に入れておいてもおかしくないものばかり。

温かいものと、冷たいものがひとつのトレイに載って供される機内食ですので、どのように調理がなされているのか不思議に思われる方も多いのでは？

機内には、ギャレーと呼ばれる台所が設置されています。よくCAが出入りをしているスペースですね。

ギャレーから「カート」と呼ばれる縦長の荷台をCAが出し、その中からお客様のお食事を出してサービスしているシーンをみなさん一度はご覧になられたことがあるのではないでしょうか？

実はあのカート。客席ではタイヤのついた荷台になるのですが、ギャレーでは冷蔵庫に早変わりするのです。

ギャレー内にはカートごと冷却する機能がついていて、パンを除いた食事が載ったトレイが、中にびっしり並んだ状態で整然と並んでいます。

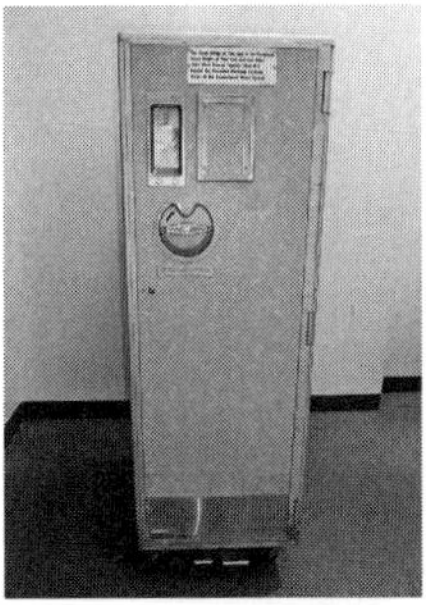

え？　ではメインディッシュは冷えたままでは？　という疑問が残ります。

機種にもよりますが、実は機内で、すべてのメインをCAが適切なタイミングでカートから取り出し、オーブンにひとつひとつセットするのです。

300〜500食あるメインをカートから取り出し、オーブンにセットし、温めるのはかなりの重労働です。

できあがったら、またすべてのメインを、お客様のトレイにひとつずつ並べていきます。

このようにメインは半調理の状態で機内に運ばれ、180〜200度程度で最後の加熱を行い、お客様にお出ししているのです。

国際線の機内食は、宗教食（イスラム教徒やユダヤ教徒のお客様向けなど）、糖尿病食、減塩食、ベジタリアン食、ローカロリー食、乳児・お子様向けのお食事など多種多様。

JALでは約20種類の特別食を用意しており、日本の航空会社では最多となっています。

機内食のコスト削減に取り組んでいるエアラインも多く見られます。

とくに外資系の航空会社では、いかに日本の空港で、モノを補充しないでおくかに力を注いでいる場合も多いようです。

というのも、クラッカーやドレッシング、パンなどの価格は、日本で補充するとかなり割高になるようで、自国で食品を安く手に入れられるエアラインなどは、こういった食品を出発時ギャレーいっぱいに詰め込んで来日しているのです。

ちなみにCAも、お客様と同じものをいただいています。ファーストクラスやビジネスクラスのお下がりのデザートなどで、休憩時間にお茶をするのが楽しみでもありますね。

休憩時間には、お客様のお下がり以外にもいろいろな食べ物をいただきます。

フルーツがリーズナブルな国のエアラインでは、フルーツバスケットが山盛り搭載され、リンゴやバナナをかじりながら雑務をしているCAも多くいます。

なかには、お客様のお下がりのパンとCA用のフルーツなどを使って機内でフルーツサンドやピザを作り、仲間にふるまう人もいます。お客様にだけでなく、仲間にもサービス精神旺盛な人が多いのです。

ちなみに私は出発便にはよく、おにぎり持参で搭乗していました。機内食に飽きてしまっていたのです。

お客様の食事を準備するギャレーは、いろんなおいしい食べ物でいっぱいです。

VIP式 リアクション

1

「やっぱりね」「それは初耳です」という声のあいづちを打つ

「うんうん」「ええ、ええ」と、首を振ってあいづちを上手に打ちながら話を聞いてくれる人がいると、刺激を受けていろいろなアイデアが出てきたりします。

あいづちは相手の意見を受け入れている印でもあるので、良かれと思って積極的に打ってしまいがちです。

しかし、やりすぎると「YESマン的イメージ」がついてしまい、凄みがなくなります。

VIPのお客様は、「ええ、ええ」とか「はい、はい」といったいわゆる定番のあいづちを打たれる方は少ない。

代わりに目立つのが、声のあいづち。

「なるほど」

「それで？」
「やっぱりね」
「それは初耳です」

といったように、相手の話題をどんどん盛り上げる声掛けを、あいづちのかわりに連打なさいます。

「ええ、ええ」「はい、はい」と、相手の話題を傍観するのではなく、その話題に自身も入り込み、貪欲に声のあいづちを発するのです。

相手の話題を奪っていくようなおしゃべりではなく、まさに前述のような短い表現を使って、話者とテーマを共有していきます。

あいづちを打つそもそもの目的は、テーマを分かち合うこと。首を振りすぎるだけの紋切りあいづちは、分かち合いからは程遠いのです。

■エコノミークラスで出会った初老の男性

ある日の便はビジネスクラスが満席でした。米国線は非常に混んでいる場合が多いのですが、珍しくエコノミークラスには空席が目立ちました。

当日私はビジネスクラス担当だったのですが、エコノミーを歩いていると、初老の男性が入国カードの記入に悪戦苦闘なさっていました。ローマ字で記入する等、手間がかかるのでお年寄りのお客様にはとても負担になる作業です。

そこで、記入の目的などをいつもどおりご説明しました。大抵のお客様は、「うんうん」とちょっとめんどうといった感じであいづちしてくださるのですが、このお客様は異なっていました。

「なるほど、ここはローマ字ね」

「説明があるとスムーズですね」

「先にパスポートナンバーをメモしておけばもっとスムーズでしたね、おっしゃるとおりです」

「いい経験になります」

などと、随分とたくさんの声のあいづちを、説明している私にくださり、いたく感心していました。

めんどうでらっしゃるだろうな……と私もいつも感じながら説明していますし、なんとなく書類の案内は気持ちが晴れなかったのですが、このときは思わず張り切ってしまい、到着地のおいしいお店の話まで会話が広がりました。

到着前、ファースト担当の仲間のところに行ったとき、私は凍りつきました。

なんと、先ほどの初老のお客様がファーストにお座りではないですか！

エコノミーに空席が多かったため、お散歩がてらぶらぶらなさっているところを、私はおせっかいを焼いたようなのです。

「お客様、先程は失礼いたしました。入国のことなど十二分にご存じでらっしゃるでしょうし」

「いえいえ、僕も昔君みたいに、同じことをいろんな人に説明して、車を売ってばかりいたからね。ああやって聞いてくれる人がいると気持ちも晴れるかなと思ってね。でも、参考になりましたよ。ありがとう」

私は顔から火が出そうだったのですが、このときに「声のあいづち」の効用を身をもって体験したのでした。
ただうなずくだけでなく、言葉で相手の話題にうなずいてあげる。
なかなか実行に移せる人はいないからこそ、ＶＩＰ式と言えるのかもしれません。

2 あいづちだけで会話を盛り上げる方法

女性には、声のあいづちのプロが多い。なかでも年配のご婦人層の会話は、声のあいづちのオンパレードです。たくさんのVIPの奥様がファーストクラスには搭乗なさいますし、奥様ばかりで団体で搭乗なさることもままあるため、同じ女性として会話に耳をそばだてているとたくさんの学びも得られます。

接客する側としても、ご婦人層のお客様とのお話は、ちょっとした雑談でもとても面白いものです。

「スチュワーデスさんも大変でしょ、旅行ばっかりで。この仕事のどんなところがいいの?」

「そうですね。まあ好きだから続いているのかもしれませんね。この仕事の魅力と言いますと……」

などと、調子づいていろいろ話していると、「へ～」「あら～」「そうなのね」「すごいじゃない」と、どんどん合いの手が入ります。

絶妙のタイミングで声のあいづちが入るので、どんどんしゃべってしまいます。

「へ～」「あら～」「そうなのね」「すごいじゃない」とは、いかにも、紋切りあいづち言葉のようですが、声のあいづちプロの手口に共通しているのが「！」。「！」のニュアンスを帯びているあいづちの言葉が、ずらりと勢揃いしているのです。

人は常にサプライズを欲しています。誰しもが単調な毎日に陥るものですが、スパイシーな出来事がたまにあるだけで毎日が輝きます。

相手が「へ～」とあいづちしてくれると、サプライズを人に与えた気がしてきます。小さな非日常がそこに生まれます。

そして、どんどん相手に心を開いていけるきっかけにもつながります。

■心を開いたところで本題を投下

そうしてひとしきりお話ししたころに、突然脈略のない質問を受けたりします。

「ところで、スチュワーデスさんって独身?」

「あら! 仕事も楽しいかもしれないけれど、それぱっかりじゃだめよ」

という感じで、さらに話は続いていきます。

きっとこのことがお話しになりたかったのかもしれませんが、「!」を含んだ声のあいづちの前振りのおかげで、いきなりやってきた「ところで……」という本題もさらりと受け止めることもでき、好感を抱きながらお話が進んだのでした。

まずは相手の心を解きほぐす工夫を、ご婦人のお客様は無意識になさっているのかもしれません。

ここにもVIPの教えがあったのでした。

声のあいづちに「!」のニュアンスを含ませるだけでも相手との会話が続くのです。

ちなみにこの大阪線のお客様には、素敵な相手を紹介してあげるから、と名刺もいただいたのでした（笑）。

3
「言葉が見つからなくて」は様々なシーンでパワーを発揮する

返答に困るシーンに遭うことは誰しもよくあります。

何かを問われて、答えを返さないというのはマナー違反とされています。

しかし、「言葉が見つからない」というのも一つの立派なリアクションです。

沈黙してしまうのはさすがに気が引けるので、沈黙状態に陥っていることを説明していきます。

「言葉が見つからなくて」

この言葉は、かなり色々なシーンでパワーを発揮します。

外資系エアライン時代のフライトで、決してあってはならないことなのですが、お客様のシートのリクライニングが壊れていたことがありました。ほぼ満席の長距離便です。10時間以上を直角ですごさなければならないなんて拷問です。

お客様は、某総合商社の取締役をなさっている著名な方でした。


直角も悲劇ですが、お休みになった状態でリクライニングが戻らなくなったシートに出合ったこともあります。ほんとうに勘弁してほしいのですが、思わぬアクシデントに襲われ、機内ではすぐに修理もできませんので、とにかくなんとか間つなぎするのがCAの仕事です。私はフライト中、直角のシートをパンチして倒し、正しい位置に修理したこともあります。


話が脱線しましたが、その直角でお座りのお客様のお怒りは相当のものだったと思います。

「ほんとうに申し訳ございません。お席を調整させていただきますので、少しの間あちらのお席に移動いただけますでしょうか」

「**言葉が見つからないよ、ほんと**」

お客様はぽつりと、そのようにおっしゃいました。

静かで品性ある強い怒りが、これほど伝わってきたことはありませんでした。怒鳴られたほうがまだましです。

このようなシーンでは、言葉を尽くしたからといって、相手にそのまま通じるとは限りません。

思いと言葉、その総量が相手に気持ちを伝えきるとは限らないのです。

うれしいシーンでも、悲しいシーンでも、残念なシーンでも、言葉に詰まってしまったとき、この言葉を発することでたくさんの思いを届けることもできます。

相手はこの言葉を耳にすると、そのシチュエーションに応じてそれぞれに、想像をふくらますことができます。

言葉に詰まるシーンとは大抵、ある種の感情がこみ上げているときです。

なんとかその思いを言葉にしなければ……と考えすぎるよりも、相手の想像力にゆだねながら、この言葉を返答として送ることも、やはり超マナーの向こうにあるVIP式やりとりの一例と言えるのです。

column 11

空の上で代わりに読んだラブレター

機内では、お客様のあらゆるご要望に、限界までお応えするのがCAの仕事です。

限られたアイテムしか機内にはありませんので、モノを介して何かをさせていただくというよりは、頭をひねり工夫し、これまでの経験と知識を総動員して、対応させていただくという力量がCAには不可欠です。

以前、イスタンブールから日本へご帰国の、目の不自由なお客様にこんなことを頼んでいただいたことがありました。

「あの〜、ちょっとお願いしたいことがあるのですが」

「もちろんです。どのようなことでしょうか?」

「CAさん、語学はお得意ですよね」

「そうですね……、まあ、ある程度はお役に立てると思いますが」

「ドイツ語ですけれど、大丈夫ですか？」

「さようでございますか。残念です、私は英語とフランス語であればある程度はお力になれるのですが、他の乗務員をあたればドイツ語ならなんとかなると思います」

「よかったです、これ、訳していただきたいのですが」

お客様はびっしりとドイツ語が書かれた一枚の紙を私に手渡されました。

さっそく、他の乗務員でドイツ語ができる者を探しました。

あいにく、できる者がおらず、安請け合いを反省して困っていたところ、外国人チーフが思いつきました。

「そうだ、いるわよ、ドイツ語できる人。コパイよ、コパイ」

コパイとは副操縦士（co-pilot）の呼称です。

50代のチーフからすれば、30代のコパイなど息子のようなものかもしれませんが、さすがに操縦席にヘルプを求めるという発想はありませんでした。

早速、事情を話しに操縦席に向かうと、機長の許可も下り、トルコ人コパイである彼はギャレーにやってきました。

「これが翻訳ご希望のものです」

「了解！」

そういった彼は、読み始めた瞬間、大爆笑したのです。

「くるみ、これはラブレターだよ。それも熱烈なプロポーズが書かれているよ。いいのかな〜」

ラブレターと聞いて、にわかに湧き立つギャレー。

他のＣＡも興味津々です。

まずはコパイがドイツ語の文章を英語に訳し、私がその英語を書きとり日本語に訳す作業を進めました。

そこには、びっしりと愛の言葉がしたためられており、なんとも素敵なプロポーズのお手紙だったのです。

「くるみの翻訳で、プロポーズがどうなるか決まるのよ、しっかり！　ちょっと大げさ目に、派手にやるのよ！」とチーフにはっぱをかけられ、それまで英語を勉強していた成果が最も問われるシーンに私は立たされたのでした。

そしてラブレターの翻訳版が完成。

お客様のお席に、完成した紙を持って伺いました。

「お客様、できあがりました。このまま日本に到着なさって、どなたかにお見せになれば、読んでいただけるように仕上げておきました。つたない翻訳で申し訳ないのですが」

「今、読んでもらえませんか？　できれば」

私は熱いラブレターを小声で朗読したのでした。

「飛行機で訳してもらって、日本に着いたら家族の人に読んでもらってと言われていまして。うれしい、ありがとうございます」

お客様の目にうっすらと涙が浮かんでらっしゃった姿を、今でも鮮明に記憶しています。

ＣＡといえば語学ができる……と頼りにしていただくシーンは多いのですが、なににせよ、頼っていただける、そしてそこにお応えしていけることがＣＡの仕事の大きなやりがいです。

本作品は小社より二〇一一年九月に刊行されました。

VIP Point

これはなによりの殺し文句ですよね。また乗ります、また会いたいですという「再会」につながる一言で、相手に対して最も丁寧なお礼の気持ちが伝わります。

◇◇

このほかにも、「いいな」と感じたり素敵なスタッフに会ったりした際にどんどんグッドコメントを届ける習慣をつけると、人をほめながら自身の表現力と観察力が磨かれます。

“ひと手間”は、言葉にどれだけ温かみを込められるかにかかっているようです。

よろしければ機内で、そして日常生活でお試しくださいね。

6. 到着地に関する質問をしたいと思います。どう尋ねますか？

Before 「ホノルルのおいしいレストランを教えてください」
Do you know any nice restaurant in Honolulu?

After 「CA さんが、個人的に最もおいしいと思うホノルルのお店をぜひ教えてください！　参考にしたいです」
Ms. / Mr. XXX, which restaurant in Honolulu do you think serves the best dish? I'm sure you must know a great place.

VIP Point

何かを人に尋ねる際は、せっかくですからよりよい回答や情報を得たいですね。相手の職種や専門分野だけにフォーカスした聞き方ではなく（ここではCA＝外国のおいしいお店を知っているという前提）、あくまでも相手の意見や経験など存在そのものを尊重した聞き方をすれば、思いもよらないサブ知識も得られるわけです。

降機時 Disembarking

7. 「ご搭乗ありがとうございます、さようなら！」と声掛けされました。サービスに満足した場合、何と答えますか？

Before 「ありがとう、さようなら」Thanks. Bye.

After 「ありがとう、またぜひ搭乗します！」
Thank you! It was a wonderful flight. I would love to fly with you/ your airline again.

VIP Point

お客様にとってCAは用事を頼む世話役。「お水ください！」で十分なはずです。人の関わりに上下はありませんが、ビジネスシーンでは立場の差は必ず意識しなければならないものです。そこであえて、世話役である目下の人にこのような声掛けができる人は、多くのファンや支持者を作り出すのでしょう。

5. サービスが行き届いておらず、クレームを言う際、どう切り出しますか？

Before「どうなっているの？この会社のサービス！……（クレーム続く）」I cannot believe the service quality here!

After「○○社だから、安心して期待して乗っているのに、このサービスは ちょっとないんじゃない？……（クレーム続く）」

I have a trust towards your airline, and that's why I choose to fly with you, but this kind of service may not meet your airline's standards.

VIP Point

相手のプライドをグシャリ！　とつぶしながらクレームを言うと、あまり効果の出ないことが多いものです。プライドをくすぐりながらのクレームは、相手に響くことが多いのです。

ば、自分の気持ちをぜひ伝えたいものです。

「カートに洋食はなくなっちゃったけど、後ろのギャレーまで再度確認にいってみようかな？」と、CA を言葉ひとつで誘導できるかもしれないのです。機外でもきっと同じですね。

3. 洋食がサービスされました。何と言いましょうか？

Before 「ありがとう」Thanks.
After 「よかった！　希望どおりのものをありがとう！」
Thank you! I am going to enjoy this tempting dish!

VIP Point

外国人のお客様は、さらりとこのようにお答えになる方も多いです。自分の心をどれだけ会話に落とし込めるか？

心の中にとどめず、気持ちを言葉に置き換えるひと手間が、好印象を相手に残すきっかけとなります。

フライト中 In-flight requests

4. のどが渇きました。お水をもらいたいとき、どう声をかけますか？

Before 「お水ください」Water please.
After 「忙しいところお手間かけますが、お水をもらえますか?」
I hate to bother you, but would you mind getting me a cup of water?

搭乗 Boarding

1. CAの「こんにちは！ いらっしゃいませ」の声掛けに何と返しますか？

Before 「こんにちは」Hello.

After 「こんにちは、お世話になります。よろしくお願いしますね」

Good morning/ afternoon/ evening. I think this is going to be a nice flight.

VIP Point

文末に相手へのねぎらいと、感謝の気持ちを込めます。感謝の先払いをしておくと、早めにリターンも届くというわけです。なによりも、そういった言葉を発することで自分の気持ちも明るくなります。

食事 Meal time

2.「和食か洋食、どちらになさいますか？」と聞かれました。さて、何と返しますか？

Before 「洋食」Western.

After 「洋食があればとてもうれしいです」

Do you happen to have Western dish?

VIP Point

単語でやりとりをするのは、あまりにもさみしいです。単語会話でも魅力的でいられるのは、お子様のみ。大人なら

機内での“言葉のひと手間” in English

最近は、乗務員が外国人ばかりというエアラインを利用する方も多いでしょう。このページでは、「ひと手間」加えたやりとりを英語で表現するとどうなるか、機内で実際に耳にした一言をご紹介します。

外国人には、ストレートな表現が好まれます。ですが、外国人であっても言葉の端々にハートを込めたひと手間を加えている方が、VIP には多いのです。

私たちは、今こそ日本の美徳である「謙虚さ」「丁寧さ」を保ちながら、スマートに、そして快適にコミュニケーションしていきたいものです。そして、その心は国境を越えて多くの方に理解されると、多くのお客様や多国籍の仲間と接してきて感じています。

VIP 式を知る以前のもったいない例（Before）と、知った後での例（After）を比べて読み進めてみてください(機内で使えば、ちょっとおまけのサービスをしてもらえるかも)。

ぜひ日々のやりとりにも応用してみてくださいね。

髙橋くるみ（たかはし・くるみ）
京都ノートルダム女学院を経て、関西学院大学フランス文学科3年在学中に、日本航空株式会社にCAとして入社。外資系航空会社2社を含め13年間世界各国をフライトする。万単位の旅客と接する中で得たコミュニケーションのコツを自身のWEB運営に応用。月間35万アクセスを集めるブログがサイバーエージェント社より「いちおし有名ビジネスブログ」に唯一の女性として認定される。大阪北ロータリークラブ、TKC経営革新セミナー等多分野で100講演以上を開催。主宰のCA合格勉強会にも多数の受講生を集める。オフィスくるみ代表。
著書に『CAの私が実践で学んだ 気持ちよく働く女性のエッセンス』（大和書房）がある。

http://ameblo.jp/airdream-monarch/
（キャビンアテンダント就活指南）
http://ameblo.jp/takahashikurumi/
（ネット接客の技術）

Twitter @TakahashiKurumi

だいわ文庫

CAの私《わたし》がVIPのお客様《きゃくさま》に教《おそ》わった話《はな》し方《かた》のエッセンス

著者　髙橋《たかはし》くるみ

二〇一四年五月一五日第一刷発行
二〇一五年一月五日第五刷発行

発行者　佐藤 靖
発行所　大和《だいわ》書房
東京都文京区関口一－三三－四 〒一一二－〇〇一四
電話 〇三－三二〇三－四五一一

装幀者　鈴木成一デザイン室
本文デザイン　松好那名（matt's work）
本文印刷　シナノ
カバー印刷　山一印刷
製本　小泉製本

ISBN978-4-479-30483-8
乱丁本・落丁本はお取り替えいたします。
http://www.daiwashobo.co.jp